"瑜伽文库"编委会

策 划	汪 瀰		
主 编	王志成		
编委会	陈 思	戴京焦	方 桢
	富 瑜	高光勃	郝宇晖
	蕙 觉	菊三宝	科 雯
	Ranjay	灵 海	刘从容
	路 芳	迷 罗	沙 金
	顺 颐	宋光明	王保萍
	王东旭	王 洋	王 媛
	闻 中	吴均芳	尹 岩
	张新樟	朱彩红	朱泰余

爱的瑜伽

《拿拉达虔信经》
及其权威解释

【印】斯瓦米·帕拉伯瓦南达 / 著
Swami Prabhavananda

王志成 富瑜 / 译

四川人民出版社

图书在版编目（CIP）数据

爱的瑜伽/（印）斯瓦米·帕拉伯瓦南达著；王志成，富瑜译. —成都：四川人民出版社，2018.3（2019.7 重印）
（瑜伽文库）
ISBN 978—7—220—10683—5

Ⅰ.①爱… Ⅱ.①斯… ②王… ③富…
Ⅲ.①瑜伽派—研究　Ⅳ.①B351

中国版本图书馆 CIP 数据核字（2018）第 011168 号

AIDE YUJIA
爱的瑜伽
《拿拉达虔信经》及其权威阐释
[印] 斯瓦米·帕拉伯瓦南达　著
王志成　富　瑜　译

责任编辑	吴焕姣
封面设计	肖　洁
版式设计	戴雨虹
责任校对	蓝　海
责任印制	王　俊
出版发行	四川人民出版社（成都槐树街2号）
网　址	http://www.scpph.com
E-mail	scrmcbs@sina.com
新浪微博	@四川人民出版社
微信公众号	四川人民出版社
发行部业务电话	（028）86259624　86259453
防盗版举报电话	（028）86259624
照　排	四川胜翔数码印务设计有限公司
印　刷	成都东江印务有限公司
成品尺寸	130mm×185mm
印　张	9
字　数	150千
版　次	2018年3月第1版
印　次	2019年7月第2次
书　号	ISBN 978—7—220—10683—5
定　价	38.00元

■**版权所有·侵权必究**
本书若出现印装质量问题，请与我社发行部联系调换
电话：（028）86259453

"瑜伽文库"总序

古人云：观乎天文，以察时变；观乎人文，以化成天下。人之为人，其要旨皆在契入此间天人之化机，助成参赞化育之奇功。在恒道中悟变道，在变道中参常则，"人"与"天"相资为用，相机而行。时时损益且鼎革之。此存"文化"演变之大义。

中华文明源远流长，含摄深广，在悠悠之历史长河，不断摄入其他文明的诸多资源，并将其融会贯通，从而返本开新、发闳扬光，所有异质元素，俱成为中华文明不可分割的组成部分。古有印度佛教文明的传入，并实现了中国化，成为华夏文明肢体的一个有机部分。近代以降，西学东渐，一俟传入，也同样融筑为我们文明的固有部分，唯其过程尚在持续之中。尤其是上世纪初，马克思主义传入中国，并迅速实现中国化，推进了中国社会的巨大变革……

任何一种文化的传入，最基础的工作就是该文化的经典文本之传入。因为不同文化往往是基于不同的语言，故文本传入就意味着文本的翻译。没有文本之翻译，文化的传入就难以为继，无法真正兑现为精神之力。佛教在中国的扎根，需要很多因缘，而前后持续近千年的佛经翻译具有特别重要的意义。没有佛经的翻译，佛教在中国的传播就几乎不可想象。

随着中国经济、文化之发展，随着中国全面参与到人类共同体之中，中国越来越需要了解更多的其他文化，需要一种与时俱进的文化心量与文化态度，这种态度必含有一种开放的历史态度、现实态度和面向未来的态度。

人们曾注意到，在公元前8—前2世纪，在地球不同区域都出现过人类智慧大爆发，这一时期通常被称为"轴心时代"。这一时期所形成的文明影响了之后人类社会2000余年，并继续影响着我们生活的方方面面。随着人文主义、新技术的发展，随着全球化的推进，人们开始意识到我们正进入"第二轴心时代"（the Second Axial Age）。但对于我们是否已经完全进入一个新的时代，学者们持有不同的意见。

英国著名思想家凯伦·阿姆斯特朗（Karen Armstrong）认为，我们正进入第二轴心时代，但我们还没有形成第二轴心时代的价值观，我们还需要依赖第一轴心时代之精神遗产。全球化给我们带来诸多便利，但也带来很多矛盾和张力，甚至冲突。这些冲突一时难以化解，故此，我们还需要继续消化轴心时代的精神财富。在这一意义上，我们需要在新的处境下重新审视轴心文明丰富的精神遗产。此一行动，必是富有意义的，也是刻不容缓的。

在这一崭新的背景之下，我们从一个中国人的角度理解到：第一，中国古典时期的轴心文明，是地球上曾经出现的全球范围的轴心文明的一个有机组成部分；第二，历史上的轴心文明相对独立，缺乏彼此的互动与交融；第三，在全球化视域下不同文明之间的彼此互动与融合必会加强和加深；第四，第二轴心时代文明不可能凭空出现，而必具备历史之继承和发展性，并在诸文明的互动和交融中发生质的突破和提升。这种提升之结果，很可能就构成了第二轴心时代文明之重要资源与有机部分。

简言之，由于我们尚处在第二轴心文明的萌发期和创造期，一切都还显得幽暗和不确定。从中国人的角度看，我们可以来一次更大的觉醒，主动地为新文明的发展提供自己的劳作，贡献自己的理解。考虑到我们自身的特点，我们认为，极有必要继续引进和吸收印度正统的瑜伽文化和吠檀多典籍，并努力在引进的基础上，与中国固有的传统文化，甚至与尚在涌动之中的当下文化彼此互勘、参照和接轨，努力让印度的古老文化可以服务于中国当代的新文化建设，并最终可以服务于人类第二轴心时代文明之发展，此所谓"同归而殊途，一致而百虑"。基于这样朴素的认识，我们希望在这些方面做一些翻译、注释和研究工作，出版瑜伽文化和吠檀多典籍就是其中的一部分。这就是我们组织出版这套"瑜伽文库"的初衷。

由于我们经验不足，只能在实践中不断累积行动智慧，以慢慢推进这项工作。所以，我们希望得到社会各界和各方朋友的支持，并期待与各界朋友有不同形式的合作与互动。

"瑜伽文库"编委会

中文版序言之一

英国考文垂大学教授　韩德[①]

每当我们去拜访寺庙、教堂或者宗教人士的居所时,总能看见在塑像前摆放的供品,或许是鲜花、水果、蜡烛,有时在精美的佛像或耶稣基督的塑像前甚至还摆放着金钱。殿堂内可能香火缭绕,还有现场音乐或录制音乐。倘若这是个真正的宗教场所且进行着非营利的运作,我们发现那里还有一些崇拜者常客在为访客提供餐饮或其他服务。而他们之所以这么做完全是出于爱而并非为了报酬。殿堂被他们维护得一尘不染,他们也很乐意带我们四处看看。在这种情境中,我们感到非常宁静,心灵得到升华。

---

① 韩德(Alan Hunter),系英国考文垂大学和平与宽恕研究中心主任。

同时，作为普通的工薪一族，我们也许会问："这一切究竟是怎么回事？"既然佛像是用石头和木头做成的，向它奉献水果又有何意义？如果我们相信，佛是由雕像所表现的一种纯粹的精神实体，那么他为何需要香火？精神实体能够感知音乐和鲜花这类事物吗？为什么一个人可以放弃休息，或不去做那些既对社会有用又有报酬的工作，而要去做这些没有报酬的工作呢？我们起先研究哲学，接着闭眼沉思：这些精美的装饰意义何在？

　　这里翻译的《拿拉达的虔信经》（即《爱的瑜伽》）文本，或许能够澄清上面提出的几个问题。同众多的印度其他经典文本一样，我们无法确知该书的确切成书时间及其作者。我们能够确知的是，该书中的许多重要思想已在《薄伽梵歌》中得到体现，以及被称为虔信运动的那场伟大宗教运动在整个中世纪的印度展开，并在约500年前达到顶峰。我们还确知，在其他宗教中也有许多相似虔信派别，例如中国的净土宗或伊斯兰教的苏菲派。

　　"虔信"一词来自于梵文词根"Bhaj"，意思是"依附神"。爱的瑜伽是指把爱奉献给神的道路或过程。虔信可定义为对神专一的爱,即为爱而爱。也许我们可以从婚姻的角度来获取"虔信"的意义。在结婚之前和婚姻的早期阶段,女性会对其男友或丈夫的很多事情相当感兴趣:他的父母和家人,他所受的教育、外貌、个性,甚至收入。她会以其智慧去观察和询问,并逐渐了解他。但在幸福的婚姻状态下,一切都很顺利,实际上她将忘记所有这些情况。即便丈夫变老、变丑或无法赚钱,她都不会十分在意,因为她已经沉浸在爱里。她最想做的事情是两人待在一起,使彼此幸福。这就是人类的虔信。有时候父母对孩子也具有同样的感情,反之亦然。这被称为人类的爱。

《拿拉达的虔信经》指出,人类能够感受到对上帝同样的爱,并且这种爱比人类的爱更强烈。他们会认为,诸如哲学、冥想和经典的研习只针对初学者。这些都属于婚姻的早期阶段。而人与上帝婚姻的高级阶段,则只为虔信留下了空间。因为与人类的爱不同,这种爱是永恒的,它不受死亡的影响,也不会因为其他一些通常会影响我们家庭关系的人类情感(如妒忌和激情)而复杂化。

　　这样的虔信自然不可能手到擒来，实际上，它需要遵循一个过程，而这个过程，正是《拿拉达的虔信经》的主题。一般说来，这个过程包括两阶段，预备阶段和至上阶段。在预备阶段，人们或多或少能够继续其正常的基于感官的生活，但应把一切精力都指向神而非其他任何事物。对于人类来说，享受美的事物是非常正常和自然的事，无论其采取艺术、音乐、食物、交友或其他形式。如果一个人简单地拒绝生活所提供的所有美好事物，那么他的未来就不会有太多的发展。因此，虔信的过程强烈鼓励人们去享受生活中所有纯粹和美丽的事物。只不过，我们不要用常规的方式去享受它们，而要在神的面前享受它们：我们总是邀请神来分享我们所做的一切，尤其是我们在诸如教堂或庙宇之类的地方所做的一切。特别是在这个阶段，我们要非常谨慎，一切行为都应怀着尽可能小心和纯洁的心去做。我们可以这样去想：佛也许看不见水果和鲜花，但他一定会看到虔诚和智慧；同样地，如果我们在崇拜的时候有不当行为，他也一定会注意到。

在虔信的至上阶段（至上之爱），所有指向享乐对象的感官吸引力，都已转移到唯一的亲近对象即神身上。这是虔信者与其最爱者之间的永恒联结，并最终会合二为一。虔信者畅饮至上虔诚之真正甘露，从生死轮回中获得解脱。对于这个阶段，我们也可以在某些婚姻中见到：丈夫与妻子都感到他们更像一个人而非两个人，他们的个性已经融合为一。从宗教意义上来说，则是虔信者与神融合为一。以这种方式，我们就能理解印度哲学家所说的虔信和哲学都指向同一目标的含义。不二论哲学主张通过智慧获得与神的联结，而虔信的过程则是通过爱获得这种联结。

在虔信之路上，随着我们逐渐成熟，我们在实践中发现了宗教生活的许多迷人之处，而其中很多方面在这本重要的经典中得以阐明。一个重要的观点是：我们需要灵性导师吗？在一切类似印度教和佛教那样的传统宗教中，答案当然是肯定的。但从另一个方面来说，我们应该谨记，在20世纪以前，几乎任何技能都要求有导师的指导：许多人无法获取和读到有关书籍。而今天，信息世界通过互联网向所有人敞开了大门。所以，也许我们真的不再需要导师来指导我们定位知识取向或获取基本信息。这的确是人类历史的一大进步。

然而,达致虔信并非只是一个知识和信息的问题,而更多地涉及一种基本的情感和灵性的转变。也许某些杰出的个人能够通过自己阅读经典和在互联网上学习达致虔信。但大多数人会发现,人类交友结伴极有价值。对那些实践虔信的人来说,这非常有助于他们结成某种形式的团体。我们注意到,大象喜欢群居,海鸥也喜欢成群结队。它们通过这样的方式繁荣和成熟。所以,如果我们想要沉浸在神之中,最好与其他同道结成团体。也许一个哲学家与罪犯和伪君子混在一起会不受后者的影响,但一个虔信者应更为谦卑。他会这样想:让我远离坏事,否则我会受其影响。如果可能,他更愿意与诚实、善良和健康的人们交往。

此外,一个正直的人在其一生当中会偶然遇见一个"伟人"或真正的宗教导师。根据印度教传统,这些导师能够传播灵性,就像火焰从一支蜡烛传递到另一支蜡烛那样。这样的相遇是可遇而不可求的。也许,这类相遇依赖于业力、命运、天意或其他超越感官且无法算计的因素。至少《拿拉达的虔信经》能够帮助我们为这样的相遇做好准备，并且在我们有福之时充分利用之。

中文版序言之二

美国圣约瑟夫学院教授 丹尼尔·谢里登[①]

印度教论述虔信或"爱神"最深刻的经典之一《拿拉达的虔信经》(即中文版《爱的瑜伽》)被译成中文(占世界五分之一人口的语言),这是件令人振奋和大受欢迎的事。这部经典不属于任何群体,也不应该以其原有的梵文形式被束之高阁。于公元10世纪成文的这部《拿拉达的虔信经》超越宗教、文化甚至时代的障碍,具有普世价值和极大的感染力。此次适时出版的中译本,是当今世界回归经典之伟大潮流的组成部分。世界各民族通过各自的语言分享世界各大宗教和文

[①] 丹尼尔·谢里登(Daniel P. Sheridan),系 *Loving God, Krishna and Christ: A Christian Commentary on the Narada Sutras* (Leiden: Peeters, 2007) 一书的作者。

化的知识、文学、宗教、神学和哲学宝藏。为了使所有这些原始经典相互促进和丰富,世界各大宗教的奠基性经典一直在不同地域和宗教徒之间相互交流,如欧洲与印度、印度与中国、中国与北美、基督徒与犹太教徒、穆斯林与佛教徒、印度教徒与儒家人士之间的交流。这些持久存在的经典便成为全人类的共同文化遗产。

《拿拉达的虔信经》的首节经文写道:"因此,现在我们要教导爱的瑜伽或圣爱的宗教。"经文作者用这句话直截了当且精致简洁地表达了其目的。虔信,即对神的爱,是可以传授,可以习得,也是可以用语言来表达的。对神的爱超越其他一切形式的人类之爱,尽管它与所有其他形式的爱具有相似之处。《拿拉达的虔信经》断言,神是值得去爱的。知道如何去爱父母、爱兄弟姐妹、爱丈夫或妻子、爱儿女、爱朋友和邻人的人类,同样也能爱神。人们通过其他形式的爱所获得的知识,将成为他们学会爱神的基础;他们通过其他形式的爱所获得的知识,最终将达到其爱神之最高表现。因为神是至上之爱的对象,因此对神之爱是爱的最高表现。

印度毗湿奴派神学家遮耶底陀（Jayatirtha，1365—1388）在定义虔信或爱神时发现："对神源源不断的爱，远胜于通常用来衡量人们珍视其自我或其世俗财产的那种爱和执着，这种重重障碍不能阻挡的爱，由于对神的深刻了解和信念而得以增强。此时的神被视为完美无瑕的自然所具有的无限吉祥特征的体现。"①

在此三个世纪以前的地球另一边，欧洲中世纪时期的基督徒明谷的伯纳德（Bernard of Clairvaux，1090—1153），也肯定了这一点："你想问我为什么要爱神以及如何去爱神。我的回答是：爱神的原因就是神本身……然而，我有欠于愚拙人……所以，为了那些愚拙人，我将不厌其烦地详细说明每一点，尽管不一定深入。"②

到了 21 世纪，教皇本笃十六世（Pope Benedict XVI）在其《天主是爱》通谕（2006）中陈

---

① B. N. K. Sharma, *Sr Madhva's Teaching in His Own Words* (Bombay: Bharatiya Vidya Bhavan, 1970), p. 93.

② Bernard of Clairvaux, *On Loving God*, in G. R. Evans, trans., *Bernard of Clairvaux: Selected Writings* (New York: Paulist press, 1987), p. 174.

述了关于爱神的这一洞见:"无法亲见神我们还能爱他吗?可以命令人们去爱吗?没人见过神,我们如何去爱他?此外,爱不可能被命令,它最终是一种或者有或者没有的感觉;也不可能由意志所产生。确实,没有人如其所是地见过神。但是对于人类而言,神并非完全不可见,并非完全不可接近……神在耶稣中使自己成为可见的:我们在耶稣里能够看见天父……他首先爱我们并一直爱我们,因此我们也能够用爱来回应神。神并不要求我们具有我们自己不可能产生的感情。他爱我们,也使我们看见和体验到他的爱,由于他'首先爱我们',因此爱也能够作为我们心中的一种回应而抽芽开花。"①

但是,对神的爱可以言说吗?人类的语言本身是一种障碍吗?根据《拿拉达的虔信经》的说法,当爱者,或者印度教所说的虔信者,在交流关于他们的爱的见解时,就产生了对他人或自身爱的体验之更深的理解。虔信者之间确实是可以交流的,事实也证明了这种可能性。因此,如果

---

① Pope Benedict XVI, *Deus Caritas Est*, #17.

人们能够按照《拿拉达的虔信经》作者所说的那样去做，交流沟通的实践是能够克服甚至排除语言的含混性和歧义性的。最终，拿拉达承认："至上之爱的真实本性不可言传。"（第51节）语言之外是实在。"只要相信拿拉达对圣爱的这种吉祥描述，并深信这些教导，任何人都可以成为爱神的人，获得无上至福，实现人生的最高目标。"（第84节）爱并不是一个不及物动词。真实的爱，一定会走向另一种爱。对神的爱，有一个直接宾语，即神这一无限的主体，它会以同样的爱回馈人类。在世界各大宗教和文化中，《拿拉达的虔信经》可以发挥一种催化剂的作用，能够引发人们进行批判性的自我反思。它是印度奉献给全人类的礼物，它探索了这样一种可能性，是的，神可以被爱！

目 录

前言 ·· 1

导言 ············ *克里斯多夫·伊舍伍德* 1

拿拉达 ·· 1

第1章 定义至高无上的爱 ············ 15

第2章 弃绝与忍让 ······················ 61

第3章 圣爱之典范 ······················ 79

第4章 人类生活的最高目标 ········ 103

第5章 如何获得至上之爱 ············ 125

第6章 寻找圣洁的同伴 ················ 155

第7章 预备虔信和至上虔信 ········ 187

第8章 圣爱的形式 ······················ 201

第9章 伦理美德与对神的崇拜 ······ 239

译后记 ·· 255

遵循拿拉达教导的圣爱之路是与神联结的最佳方式。

——室利·罗摩克里希那

前 言

从罗摩克里希那的教义及其弟子的生活中,我获得了撰写这一注释本的灵感。我曾蒙福有幸与他的大多数弟子密切往来,并见证了这些神的仆人如何在自己的生活中昭示拿拉达(Narada)在数千年前所倡导的关于神的知识和爱,从而验证了拿拉达的教导对这个时代的人们同样是适用的。

斯瓦米·帕拉伯瓦南达
于加利福尼亚,好莱坞
1971 年 1 月

导　言

拿拉达告诉我们："虔信之道是臻达于神之最为简易之道。"

"虔信之道"，即梵语中的爱的瑜伽（bhakti yoga，亦译奉爱瑜伽），意即通过爱而臻达于神的方式。虔信者将做出持续的有意识的努力去爱神，去感受神对人的爱。为达到这个目的，虔信者将反复念诵神之名并进行仪式崇拜。为拥有崇拜的特定目标，虔信者要将心意集中于他所选择的神的某个特征或某个化身上。然而，就像其他伟大导师那样，拿拉达使我们确信，随着虔信者的虔信度的增长，他会日益加深地意识到，他所崇拜的，实际上是他自身之内的神，即他自己本性中的神。在虔信的至上状态，崇拜者与被崇拜者将合而为一。

根据印度哲学的定义，有四种方式可以获取

这种与神结合的知识：爱的瑜伽、行动瑜伽、智慧瑜伽和胜王瑜伽。行动瑜伽是通过无私的行为——行为的目的并不为探求个人利益，也不担忧其不良后果——而臻达于神；这种瑜伽往往通过人们对神的侍奉予以实现。智慧瑜伽是通过对实在与非实在的分辨来接近神；当所有短暂现象得以严格分析并被拒斥之后，就只有神仍然存在，在这个淘汰过程中人们也会逐渐认识到神。胜王瑜伽则是通过密集强化的冥想实践臻达于神。

很明显，这三种瑜伽都要求虔信者拥有一些为所有人或大部分人都不具备的素质和能力。行动瑜伽要求人们具有英雄般的能量和伟大的谦卑及耐心；智慧瑜伽要求具有出众而敏锐的智慧；而胜王瑜伽则要求毫不动摇的专注和对感官的控制。与这三者相比，爱的瑜伽的实践似乎更简单，更朴实，也更有吸引力。此外，虽然我们不能自夸拥有出众的能量、智慧和专注，但我们都坚信自己具有爱的能力。因此我们很容易接受拿拉达的看法，即爱的瑜伽是瑜伽中最简单易行的。

在大多数情况下，我们很容易接受拿拉达的看法。那么，大部分人是否意识到我们接受的是什么观点？我们到底知不知道拿拉达所说的爱神意味着什么？当我们使用或误用"爱"这个词时，我们是否完全考虑过该词所表达的含义？我们真的爱过他人吗？

日常谈话和流行歌曲曾一度流行这样一个表达式："爱上了爱的感觉。"成年人在谈论其十多岁的孩子的感情时，常会宽容地笑着说："哦，她不过是爱上了爱的感觉，就这么回事。"——意思是，被谈论的十多岁的孩子并非真正陷入了爱河里，而是沉浸在浪漫的自我欺骗中。成年人暗示，孩子将来才能了解**真正的**爱，即那种成人式的、严肃的和实实在在的爱。这种腔调多少带着些令人讨厌的满足感，正如战地老兵向新兵提示等待着他们的将是什么那样。

这个表达式已经过时，但这种态度依然存在，真正的爱仍然依据其所产生的结果和责任来加以界定，这些后果和责任包括：被社会认可或不耻、结婚或离婚、财富或债务、生儿育女或无儿无女、家庭奴役或遗弃。事实上，人们谈论爱，往往讨论的是爱的结果。但有时人们的确也很难看清爱的结果。当然，人们经常讨论的这种爱的关系是性关系。但是，没有人能够否认，父母与孩子之间、朋友之间、同事之间甚至动物与主人之间的关系，在危机时刻也会变得同样紧张，也会造成类似的经济或社会难题，引起对立的自我之间类似的妒忌折磨和无情斗争。

确实，也有很多人可以设法解除他的自我中心的束缚，而使自己在一生中能够几乎是无私地去彼此相爱。爱，或者至少对爱的记忆，总是会在某种程度上存在，甚至存在于最不幸的关系之中。并且，如拿拉达提醒我们的那样，一切爱，无论自我如何曲解或限制它，在本质上都是神圣的。但问题是，考虑这些不完美的人类之爱的状态，是否有助于我们理解爱的瑜伽的概念？

拿拉达所说的对神的爱是这样一种爱：没有妒忌，没有自我的冲突，没有对物质利益或外在财富的欲求，没有被遗弃的恐惧，是一种必定带来幸福的爱。即便与神短暂分离的痛苦，也不能称之为不幸，因为感知到神的虔信者知道，只是因为他确实感知到神，神才存在，并且他与神之间的关系才是活生生的和真实的。

然而，对于研修爱的瑜伽的初学者来说，这

种全无不幸的爱的概念是不易把握的。我们告诉自己，那根本不是爱，那是冷冰冰的、不自然的、不人道的爱。因为如果我们说实话，我们必须承认，关于爱的世界性观念是如此制约着我们，以至于我们确实需要妒忌，需要承受渴望和焦灼，需要无望地去寻求身外之物——因为如果缺乏这些我们熟悉的痛苦，我们就无法享受对痛苦的缓解，即我们所说的爱的幸福。

所以，也许那句听起来有些愚蠢的老话仍有几分用处：爱上了爱的感觉。也许这句老话有助于我们初步认识爱的瑜伽的意义。让我们不再将爱视为两个独立的自我之间的关系，而将爱集中在我们每个人心中对爱的能力上。这种爱或许非常渺小，但它属于我们自己，且不会辜负我们。我们所有人都一致同意，当爱被认为与任何外部对象都没有任何关系时，我们的爱便因其本身而具有爱的价值并完全摆脱了欲望或痛苦。以这种方式，我们就能够开始把握"爱就是神"这个观点。

克里斯多夫·伊舍伍德

拿拉达

拿拉达是本书中所有经文的作者。不过很难确定拿拉达到底是谁。我们发现,首先提到他的名字的典籍,是世界性古代典籍之一的《唱赞奥义书》①。在该书中,我们发现,拿拉达是一位试图接近伟大圣人萨纳库玛(Sanatkumar)的求道者。据说,拿拉达研习了所有学科的知识——艺术、科学、音乐、哲学以及圣典。但他对萨纳库玛说:"我还没有获得平静。我学习了一切知识,却不了解**自我**(Self)②。我从像您这样一些伟大

---

① 《奥义书》是构成吠陀经之哲学部分的圣典,它教导关于神的知识,记录古代印度圣人们的灵性经验。因为它们处于四部吠陀经之末尾,所以它们被称为吠檀多,即吠陀的终结。《唱赞奥义书》是最重要的《奥义书》之一。

② 此大写的自我(Self)指阿特曼或梵(参见一下关于阿特曼和梵的注释),而小写的自我(self)则指一般意义上的人的自我。(在本书中,前者用标宋字体标明,即**自我**。——译者)

导师那里听说,只有了解**自我**的人,才能克服悲伤。而我的生命一直与悲伤相伴。我祈求,您能帮助我克服悲伤。"

师徒就此讨论一番后,萨纳库玛这样教导拿拉达:"无限者是快乐的源泉,有限者之中没有快乐……无限者是不死的,有限者则终有一死……人如果了解、冥想并意识到关于自我的真理,即无限的存在——这样的人将因自我而喜悦、因自我而快乐、因自我而陶醉。他将成为他自己的主人和一切世界的主人。认识不到这一真理的人形同奴隶。

"当人的感知得到净化(即当感知摆脱执着和厌恶而在感官对象中自由行走)时,心便得到净化;心一旦净化,就会对自我有持续不断的记忆;而一旦对自我有了持续不断的记忆,那么人就解除一切束缚并获得自由。"

在《圣典薄伽瓦谭》(Bhagavatam)[①]一书中,我们再次发现了拿拉达的名字,这里他成了

[①] 世界最伟大的宗教经典之一,其中关于室利·克里希那和早期圣人的传说将吠陀真理大众化。——译者

觉悟的灵魂。拿拉达请求毗耶娑（Vyasa）① 撰写《圣典薄伽瓦谭》。由于这个缘故，拿拉达向毗耶娑讲述了关于他并非一次诞生而是两次诞生的生命的故事。

"让我告诉你关于我过去的化身的故事，以及我是怎样发现我所具有的神圣自由和平静的。我母亲是那些伟大圣人隐居处的仆人。我在与这些圣人的密切交往中成长起来，我也侍奉他们。我生活在那些圣人的社会中，所以我的心得到净化。"

圣人的恩典以及与神人（men of God）的交往是达于神和圣爱的主要方式。当代的伟大圣人辨喜（Swami Vivekananda，亦译作斯瓦米·维韦

---

① 亦译广博仙人，他被认为是吠陀经的编撰者和《摩诃婆罗多》的作者。

卡南达)① 说:"向已经获得解脱（moksha）② 之灵魂寻求庇护,他的仁慈将适时使你获得自由。更高的目标是向主寻求庇护,但这是最困难的;一百年只能出现一个真正实现这个目标的人。"然而,假如你热切地向往神,你将遇见你的古鲁③。哪里有爱神的人,哪里就是圣地,这就是神之子（the children of God）的荣耀。他们已经与神结合,并且出口即成经文。他们所到之处充满神圣的气息,而去往该地感受到这种气息的人,也将

---

① 原名纳兰德拉那特·达塔（Narendranath Datta, 1863—1902），是室利·罗摩克里希那的修道弟子和主要的使徒。他被称为纳兰或纳兰德拉,后来叫斯瓦米吉。1893 年他代表印度教参加了在芝加哥召开的世界宗教议会,并于 1899 年第二次旅行去西方,演讲并建立几个吠檀多中心。他是罗摩克里希那修道会（the Ramakrishna Math）的领导人,并创办了罗摩克里希那传道会（the Ramakrishna Mission）。辨喜被认为是现时代吠檀多的解释者。但不止于此,他也是一个达到最高层面的圣人,在每一个存在物中崇拜神。

② 从业与轮回中最终解脱,即通过与神的联结或对终极实在的知识,从世间一切束缚中挣脱出来。

③ 即灵性导师。一个合格的古鲁是觉悟的灵魂,或者在宗教道路上已经进入高级阶段的人。辨喜说,古鲁必须知晓经典的精神;必须清白无瑕;必须以无我的方式教导他人,不追名逐利。一个胜任的古鲁对其弟子的灵性生活负有责任,并且将引导弟子获得解脱。

变得神圣。

拿拉达接着说:"我生活在那些圣人的社会中,所以我的心得到净化。某日,有个圣人出于对我深深的爱,将我引入了神圣的智慧奥秘中。无明(avidya)①的面纱被揭开,我才认识到我真正的**自我**的神圣性。于是我获得启发,即对生命所有疾病——无论是身体的或心理的——最有效的治疗方法,是将业(Karmas)②的果实交给神。业将我们置于束缚之中,但通过将业托付给神,我们便获得自由。我们所作的侍奉神的业,将使我们自身产生爱和虔信。这种爱和虔信将依次带来智慧;借由这种智慧的指导,最后我们将把自身托付于爱之神并冥想他。这样,我就获得了智慧和爱。"

---

① 即无知。从哲学意义上说,无明指人类个体的无知,而摩耶指人类普遍的无知。
② 亦译羯磨,其基本含义是:(1)心理或身体的行动;(2)个人今生或前世行为的后果;(3)在道德世界起作用的因果链。

从上述引文中，我们发现了所有瑜伽①——即通过无私的行动、虔信、智慧和冥想与神结合的道路（爱的瑜伽、行动瑜伽、智慧瑜伽以及胜王瑜伽）——的和谐。换言之，这四种瑜伽之间并不是完全独立的。倘若人们真诚并认真践行其中之一，其他瑜伽也会与他的生活不可分离。

拿拉达继续说："我一直与圣人生活在一起，直到母亲去世。此后我离开了圣人的隐居地，云游四方。最后，我来到森林深处寻求独处。在一个安静的地方独坐于一棵树下，在神的爱中忘却了整个世界，我冥想神。随着我的内在视觉逐渐清晰，我看见仁慈的爱之神端坐于我内心的圣殿中。我被难以言传的喜悦所淹没，我再也无法想象自己独立于神——我发现了我与神的结合。但这种状态持续的时间不长。我又发现自己身处感

---

① Yoga，即结合或联结的行动。含义有二：(1) 个体灵魂与神性的合一。(2) 借以达到这种合一或联结的方法。这些方法包括：爱的瑜伽（虔信之道），智慧瑜伽（在永恒和非永恒之间作出分辨之道），业瑜伽或行动瑜伽（无私的行动之道），以及胜王瑜伽（冥想之道，即通过控制心意达到最高意识并最终从世俗束缚解脱出来的一种手段）。

官世界中。天啊,当我万般急切地寻求再次达致那种喜乐状态时,却发现已无能为力。接着,我听见一个来自虚空的声音。神好像是在安慰我,他说:'我的孩子,你在此生将无法再次见到我。那些无法熄灭欲望的人们无法见到我。但由于你对我的虔信,我已赐予你一次见面的经历。那些虔信于我的圣人,逐渐地放弃了一切欲望。与圣人为伴,服侍他们,并坚定地冥想我。这样,你最终将实现你与我结合。那时我与你将不再分离,你也不再死亡。'

"在一定的时间之后,我放弃了肉身并与神结合。我在那种蒙福的结合中生活了一个轮回。下一个轮回开始,我又被投入到这个世界,但现在我过着一种纯洁而自制的生活;借着神的恩典,我可以在所有世间的所有地方云游。无论我走到哪里,我都弹着维那琴,吟唱着赞美神的颂歌,爱之神越发显现在我的心中。那些听过我吟唱的颂歌的人,找到了平静和自由。"

室利①·罗摩克里希那（Sri Ramakrishna）常说，拿拉达与苏卡兑瓦（Sukadeva）都是永远自由的灵魂。为了人类的利益，他们一次又一次转世，且每一次转世都带来了关于神的知识。

在《圣典薄伽瓦谭》中，我们发现有这样的记载，当一个求道者心中升起对神的真诚渴望时，拿拉达就会作为古鲁而出现。如前所述，来自觉悟灵魂的恩典对个人灵性生活的进展是必不可少的。你可以阅读和理解经典，也可以信仰经典。但这种理解并不能带给你宗教，也不能带给你关于神的知识。关于经典或神学的学术知识并不能使你具有灵性，而你自己灵魂深处的体验却可以使你具有灵性，这样的体验会在你的心中昭示：你需要与古鲁即觉悟的灵魂相接触。借用辨喜的

---

① 室利（Sri）一词有三个意思：(1)"受崇敬的"或"神圣的"；用作一个神祇或一个圣人或一部圣典的前缀以示尊敬。(2) 相当于英语中的 Mr.（先生）。(3)神母拉克斯米（Lakshmi）即吉祥天女的名字。

话来说:"神的化身[①]——耶稣、佛陀、罗摩克里希那——能带给人宗教。他们的一瞥,一触,便足矣。那是圣灵'按手礼'的力量。这种力量实际上是通过导师传递给弟子的,此即'古鲁力量之链'。"

这一古鲁力量之链是连续不断的。在任何时代都不再可能有像耶稣、佛陀或罗摩克里希那这样的古鲁了。但他们传递给弟子的力量犹在,并将世世代代传递下去。可以这么说,它以种子的形式,通过求道者选定的理想的神的圣名传给弟子。弟子们吟唱圣名,为种子提供营养,使它逐渐成长为一棵开花结果的大树。相应地,弟子将成为古鲁。古鲁力量是一种非人类的力量,但是按照罗摩克里希那的说法,它是一种"神本身的存在-意识-喜乐(Sat-chit-ananda)"[②]的力量。

[①] 英文为 Avatar,音译阿瓦塔,意为神的化身。根据印度教信仰,神在不同时期会以有限者的名字和形象下凡,为的是在人间重建被人类忘记的宗教真理,并通过其鲜活的榜样向人类显示如何与神合一。

[②] 指绝对的存在、绝对的意识和绝对的喜乐,是梵的一个别称。

在着手学习任何学科之前,我们必须了解学习目标。例如,倘若你想学习物理、化学、文学、医学或法律,你必须设定目标。同样地,在着手研习任何经典之时,我们必须对我们的目标有明确的理解。这个目标是什么呢?就是找到通向神的道路。

神*存在*。如何证明它的存在?确实,人们提出过许多看起来是具有逻辑性甚或科学性的论证来证明这一点。同样真实的是,有许多学者和哲学家否认神的存在,他们的论证与其对手一样具有逻辑性。印度先知哲学家之一商羯罗(Sankara)① 指出,神的存在的假设,可以通过理性加以证明,但是由于我们无法召集过去、现在和未来的所有学者和哲学家来一起讨论这个问题,因此无法达成最终的结论。那么,真实的依据究

---

① 亦写成 Sankaracharya,印度最伟大的圣哲之一,吠檀多不二论的主要诠释者。他生活年代在 6—8 世纪之间。在其 32 岁短暂的一生中,商羯罗建构了一个一直存续到当今的一元论的宗派体系。他的大量作品包括:对《梵经》、主要的《奥义书》和《薄伽梵歌》的注释;两部主要的哲学著作,即《千说》和《分辨宝鬘》;还有许多诗歌、赞美诗、祈祷文和论述吠檀多的小作品。

竟在哪里？真实的依据就在于，神可以被人们所了解和认识。正如商羯罗所说的那样，仅有经典不足以证明神的存在的权威性。因为除了研习经典，关于神的真理"人们还必须具有个人的体验"。

辨喜说："恪守经典，直到你足够强大以至于可以脱离经典，其后方可超越经典。书籍并非终极之物。只有亲证才是宗教真理的明证。人人都必须自己亲证；不能相信那些声称'我见证了，但**你**不能见证'的导师，只有那些认为'你也能够见证'的导师才可以相信。所有时代和所有国家的所有经典和所有真理都是吠陀（Vedas）[①]，因为这些真理都可以被**见证**，且任何人都可以发现它们。"仅从这个意义上说，印度人相信，吠陀是无始无终的。

所以，如果你仅仅研习经典而不打算在自己

[①] 又称吠陀经，印度教最古老的经典，被正统印度教视为直接来自神的启示，在所有宗教问题上都具有至上的权威。共有四部吠陀，即《梨俱吠陀》《夜柔吠陀》《娑摩吠陀》和《阿闼婆吠陀》，每一部吠陀都由仪式或"活动"部分和哲学或"知识"部分构成。每一个知识部分都包含《奥义书》。

的生活中亲证这些经典所包含的真理，那么，你的研习就毫无价值。那些只通晓经典而不在个人生活中亲证其真理的人，无异于穆罕默德（Mohammed）所说的扛着一大堆书的蠢驴。

当然，目前无人亲眼见到过神，无人亲耳听到过神的声音，但是神是可以被见证的，人们是可以听到神的声音并且最终达致与神结合的。在《薄伽梵歌》①里，室利·克里希那对其弟子兼朋友阿周那（Arjuna）说："因此你不能通过人类的眼睛见证我（以宇宙形式而真实存在的克里希那），所以我赐予你一双天眼。"《圣经·诗篇》有这样的话："主啊，求你开我的眼睛，使我看出你律法中的奇妙。"（119:18）从哲学的观点来看，这种天眼的开启被称为图利亚（Turiya），即"第四种意识状态"，它超越了常见的三种意识状态——清醒状态、做梦状态和深眠状态。我们每

---

① 又名"神之歌"，它是印度教的福音书。成书于公元前5世纪至前2世纪，共18章，是史诗《摩诃婆罗多》的一部分。《薄伽梵歌》以神的化身室利·克里希那与他的朋友弟子阿周那之间的对话为形式，教导人们如何通过知识、虔信、无私的工作以及冥想的道路而实现与至上实在的联结。

个人都有发现这种超然知识的能力。但是，为了打开我们的天眼，为了我们生于灵中，我们需要给我们指路的古鲁的恩典即觉悟灵魂的触摸，并需要对古鲁和经典的言辞的信仰。耶稣说："我实实在在地告诉你，人若不是从水和圣灵生的，就不能进神的国。"古鲁的开示与洗礼一样——即耶稣所说"从水中生的"；而"从圣灵生的"则意味着获得天眼。假如一个人努力遵循古鲁所教导的道路，那么最终他将意识到，他之所以获得天眼并与神结合，并不是他由于个人的努力，而是因为神的恩典。这确实是神的赐物。

接下来产生的一个问题是："为什么人需要天眼？"答案早已在我此前引用的萨纳库玛对拿拉达的教导中给出了："无限者是快乐之源，有限者之中无快乐。"

爱的瑜伽
《拿拉达的虔信经》及其权威阐释

第 1 章
定义至高无上的爱

第1章

在下面这些经文中,拿拉达将协调爱的瑜伽与其他瑜伽——即行动瑜伽(把一切事功奉献给神的无私奉献之道)、智慧瑜伽(知识或分辨之道)和胜王瑜伽(冥想之道)——的关系。

第1节

अथातो भक्तिं व्याख्यास्यामः ॥१॥

Athāto bhaktim vyākhyāsyāmaḥ.//1//

因此,现在我们要教导爱的瑜伽或圣爱的宗教。

使用**现在**一词暗示出,那些即将接受教导的人已经历过一定时间的灵性训练,这一预备训练使他们能够去理解圣爱的真实本性。

首要的资格是,你必须是一个求道者;换言之,你必须有了解这个主题的意愿。假如一个人对认识神不感兴趣,那么你对他教导一百次也毫无用处。室利·罗摩克里希那说:"不管你如何锤打,都不能用指甲在石头上砸出个坑来,指甲反而会裂开。同样,试图教导一个沉浸在物欲之中的人关于神的知识,也是徒劳无益的。"

并非每个人都感到需要神。许多人对心意和

感官世界所能给予之物心满意足。但是有时候，在成长和发展的过程中，在遭遇生活的挫折时，人们会感到需要神。

在《薄伽梵歌》一书中，室利·克里希那指出，崇拜神的人可分为以下四类：第一类是悲观厌世的人。当他无法脱离苦难时，他热切地向神祈祷并将自己奉献给神。

另一类人有未能实现的欲望。当他无法找到任何实现其愿望的其他方式时，他会崇拜神并献身于神。

第三类是追求知识者。他质疑世界的面貌是否真实，或是否还有超越世界的东西存在。

最后一类是灵性分辨者，他意识到："除了爱神，一切皆空。"他从内心深处认识到，唯有神才是真实的，对他来说："此世的一切功用都是陈旧的、浅薄的和无价值的。"

室利·克里希那曾这样描述过这类人：

> 我看见我的真我，只有他才爱我。
> 因为我就是自我，故他那虔信的心，
> 是我最终和唯一的目标。

第1章

但是,室利·克里希那认为,所有这四类人的确都是"高尚的"。

事实上,无论你开始崇拜神并献身于神的动机是什么,一旦你开始体会到崇拜神的喜悦,其他一切欲望都会离开你。

《圣典薄伽瓦谭》中讲述的关于小男孩杜茹瓦(Dhruva)的故事,可以佐证上述观点。杜茹瓦生为王子,由于他个人无法左右的环境因素,使他不得不与母亲一起生活在贫穷和苦难中。他意识到,只有神能够帮助他和母亲重返王国并最终成为统治者。因此,他走进丛林深处并极为真诚和认真地向神祈祷。拿拉达感到,这个少年已经成为一个求道者,所以他显现在少年面前并向他传授灵性生活的奥秘。随着少年修炼导师传授的秘籍,他拥有了天眼。现在,神便以他所选择的理想形式(Chosen Ideal,被译为择神)[①] 出现在少年面前,并对他说:"国王,即你的父亲,希望你

---

① 梵文是 *Ishta*,指一个求道者自己选择或其古鲁为其选择的某个神或某种神性。通过冥想他所选择的理想神,求道者逐渐获得心意的专注、对神的爱并最终获得觉悟。

和母亲回到他身边。他将把王位传给你。"

但杜茹瓦却说:"有你已足够,我还需要王国吗?"

"不,"神说,"你盼望成为国王,且你必须成为国王,这是我对你的恩赐。"最终杜茹瓦把自己完全奉献给了神。

因此,要遵循圣爱之道,唯一的资格是,你要感到你需要神,并想将自己奉献给神。就此而论,它与其他三条道路不同。例如,按照商羯罗的说法,"只有那些具有分辨心的人,远离享乐的人,心神宁静的人,拥有亲情美德的人,渴望解脱的人,才被认为有资格去寻求梵",即遵循知识之道。而另一方面,按照辨喜的说法:"虔信者无须压抑任何个人情感,而只需竭力强化这些情感并将其引向神。"

在《圣典薄伽瓦谭》中我们读到,室利·克里希那对其弟子乌达瓦(Uddhava)说:"尽管我的虔信者们并非其感官的主宰,但他们也不会完全被感官所征服;他们对我的虔诚,是他们独有的救赎恩典。"

在《薄伽梵歌》中,室利·克里希那对其弟

第1章

子兼朋友阿周那说：

> 一生之罪，使人不洁。
> 唯有爱我，无私奉献，方能洗净；
> 罪人不再，人皆成圣。
> 神性重塑，人之本性，永恒平和。
> 哦，昆蒂之子，敬请谨记：
> 爱我之人，他将永存。

有一次，室利·罗摩克里希那告诉其亲密弟子："一心寻求要找到神的人，一定能找到神。对此我深信无疑。"

……因此，现在我们要教导爱的瑜伽或圣爱的宗教。

"因此"这个词的重要性何在？是什么促使圣人拿拉达要著书解释关于圣爱的福音？

其原因就在于，人若达致对神的爱，这种爱就将直接引导他意识到神，并体验到他与主——即一切存在中的**自我**（Self）——的合一；这就是最自然最便捷的虔信之道。因为人人心中都有爱，只是这种爱必须指向神。

第 2 节

सा त्वस्मिन् परम प्रेमरूपा ॥२॥

Sā tvasmin parama-premarūpā.//2//

虔信是对神的强烈的爱。

拿拉达没有使用"神"(God) 这个词,而是使用了中性的不定代词"这"(this),在把这节经文译成英语时,我改变了这个词,因为"对'这'的强烈的爱"不能表达他的本意。

有意思的是,为什么拿拉达要用代词"这",而不用神、梵 (Brahman)①、阿特曼 (Atman)②、罗摩、克里希那或其他圣名。

原因之一就在于,他极不希望自己的学说属于任何教派。使用与代词"那"相对应的"这"意味着,实在——不管你如何命名它——比最近的事物(例如我们存在之最深处的自我)还要近;并且,在我们自己的心灵圣殿之内和一切存在的

---

① 非人格的绝对存在或神性,是吠陀哲学中无所不在的超越实在。

② 即**灵**或**自我**(Self),指神性的内在方面。

第1章

心灵之中都可以找到它。

如上所述,要开启天眼,才能体验到神,即终极实在。拿拉达在本书中处处避免定义神。因为定义神就意味着限制神。此外,当人体验神的时候,他无法依据相关的体验来表达对神的体验。借用室利·罗摩克里希那的话来说:"当一个人达致三摩地(samadhi)① 时,他便独自获得了关于梵的知识。在那种意识状态中,一切思维停止了,人彻底寂静了。此时已无言说的能力来表达梵了。"

但是,我们在此再次发现,伟大的圣人和先知都试图以各种不同的方式表达关于神的真理。有人说神具有人格,有人说他没有人格;有人说他有形,有人说他无形;有人说他具有神圣属性,有人说他没有任何属性。

根据其本人的神秘体验,室利·罗摩克里希那以简单的方式解决了所有这些矛盾。他说:"神是无限的,对他的表达也是无限的。那些时时刻

---

① 基本含义有二:(1) 至上意识状态,人在其中经验到与终极实在的同一。(2) 胜王瑜伽中的第八支,心意在其中以冥想对象的形式呈现。帕坦伽利把三摩地定义为这样一种状态,在其中"对象的真实本性照耀出来,而不被知觉者的心意所扭曲"。

刻生活在关于神的意识中的人,仅凭这一点就知道神是真实存在的,也知道神既是有人格的也是无人格的。

"可以将梵、绝对存在、知识、喜乐比作海洋,无始也无终。在极寒状态下,海洋中的部分水会结成冰,无形的水看起来就有了形态,同样地,通过虔信者强烈的爱,无形的无限存在会以具有人格和形体的形态将自己显现在虔信者面前。但是,在达致最高的三摩地境界的人面前,即在抵达不二论哲学即吠檀多(Vedanta)①的顶点的人面前,形态和外貌都将消失。

---

① 字面含义"吠陀的终结"。一种宗教哲学,从吠陀后期教义或知识部分(《奥义书》)发展而来。在这一意义上,它是印度所有宗教派别的共同基础。通过强调其不同的方面,产生了二元论、制限不二论、多元论、实在论和非二元论等不同宗派。吠檀多教导说,人类生活的目的,在于通过此时此地的灵修以认识终极实在或神性。吠檀多承认由各种不同的宗教所崇拜的一切伟大的灵性导师和神性的人格面或非人格面,并认为他们都是那唯一实在的展现。通过证明所有宗教的源头的本质统一性,吠檀多成为一个框架,所有灵性真理都可以在其中得到表达。吠檀多常常不太准确地被称为印度教(Hunduism),而印度教一词最初是波斯人用来指称印度居民之信仰的,因为他们居住在信度河或印度河的另一边。

第1章

"哪怕仅存很小部分的自我,即还有'我是一个虔信者'的意识,那么,神就会被理解为人格的和有形的。这样,对一个独立自我的意识就会成为障碍,使人无法获得至上的领悟。卡利(Kali)① 与克里希那呈现深黑色的形体。原因何在?因为虔信者尚未接近二神。从远处看湖,水是蓝的,但当你走近,便发现水本无色。同理,在获得至上真理和体验的人的眼里,梵是绝对的和非人格的。梵的真实本性,无法用语言来加以定义。"

根据虔信者的灵性趋势或倾向,他所崇拜的神有各种理想形式:或许是具有属性的人格神,比如

---

① 神母的名字。在画像中,卡利的丈夫湿婆通常平躺在地,而卡利则站在其丈夫的前胸上舞蹈,湿婆象征着灵性的超越特征,卡利则象征着其动力特征,即原初能量。画中的卡利腰系一圈人手,脖挂一串人头骷髅,其左下方的手拎起一个魔鬼流血的头颅,左上方的手则握住一柄宝剑。其右上方的手做出无所畏惧的手势,并以右下方的手福泽众生——摧毁无明、维护世间秩序,赐福给渴求与神合一的人,并使他们获得解脱。卡利是印度著名的达克希什希瓦神庙的神祇,室利·罗摩克里希那曾在那里敬拜了卡利很多年。

以不同形态出现的毗湿奴（Vishnu）①、湿婆（Siva）②、卡利、耶和华、安拉等，或许是神的各种化身，如罗摩（Rama）③、克里希那（Krishna）、佛陀、基督或罗摩克里希那（Ramakrishna）④。

拿拉达将虔信定义为对神的"强烈的爱"。圣人所说的这种强烈的爱，是指具有天眼的虔信者心

---

① 字面含义为"遍布一切者"。印度教三大神之一，是维持之神。在毗湿奴的众多形象之中，常见一个形象是他的四臂形象，其四只手分别持神轮、神螺、神杵和莲花。根据神的化身的教义，一旦需要世界之善，毗湿奴就现身于地球。

② 印度教三大神之一，是毁灭之神。把他作为选择的理想神来崇拜时，他就被认为是整体的神性即至上实在。就他的力量——即神之动态的创造性的母亲形象（Sakti）——而言，湿婆是超越的绝对者或父亲形象。湿婆也当作所有古鲁的古鲁来崇拜——他是物欲的摧毁者，智慧的给予者，也是弃绝和慈悲的体现。

③ 印度教中最受欢迎的神的化身之一，阿逾陀国国王，以及（印度最著名的史诗之一）《罗摩衍那》中的英雄。

④ 罗摩克里希那（1836-1886年）是一位具有独特灵性能力的神人。室利·罗摩克里希那在加尔各答附近、恒河岸边一个寺庙里度过了成年时代大部分时光。在他通过印度教各种不同的道路，以及通过基督教和伊斯兰教的道路，实现了与神合一之后，罗摩克里希那宣称，任何宗教的追随者都能认识终极实在，如果他的虔信足以胜任这一任务的话。还在他在世期间，室利·罗摩克里希那就受到神圣的崇拜。在他逝世以后，他作为神的化身而得到广泛认可。以他的名字命名的一个修道会得以建立，这个修道会致力于认识神，以及服务于人之中的神。

中升起的爱，此时他已陶醉在圣爱之中。这样的爱与体验到神的意识一模一样，这一点将在拿拉达对这种爱的本质的描述的下述经文中得到证明。

某日，辨喜在千岛公园为他的几个亲密弟子上课，他讲起拿拉达的爱的瑜伽。辨喜在翻译了这节经文后，便引用其导师室利·罗摩克里希那的下述这段话来评析这节经文："世界是一个巨大的疯人院，人人都是疯子——有人为金钱，有人为女人，有人为名，有人为利，只有少数人是为了神。神是点金石，它于转瞬之间将我们变成金子：形式还在，本质已变；人形还在，但不再伤害和犯罪。

"想到神，有人哭，有人唱，有人舞，有人述说精彩——但他们谈的只是神。"

仅当我们感受到神对我们的爱时，这种横扫一切的爱才会产生。当我们在神的异象中体验到心醉神迷时，这种爱就会清楚明白地感觉到。

有一次，我的导师斯瓦米·婆罗门南达（Swami

Brahmananda)① 告诉我:"我们的爱是如此之深沉,以至于无法让你知道我们有多爱你。"确实,这是与神对我们以及一切存在的爱同样深沉的一种爱。为了在心醉神迷中感受到它的爱,我们需要进行灵修,"并知道这爱是过于人所能测度的,便叫神一切所充满的,充满了你们"(《以弗所书》3:19)。

虔信可分为两类:**预备虔信**(Gauni Bhakti)和**至上虔信**(Para Bhakti)。前者指虔信之道,即走向体验后者(即对神的强烈的爱)的道路和方法。

在后面的一些经文中,拿拉达解释了虔信之道——即求道者必须实践的特殊虔信练习的道路和方法。

要遵循这些灵修准则,我们首先得真正确信神的**存在**。换言之,神的存在明确可感。虽然我们尚不具有天眼,但甜蜜、喜悦和激动却为我们的内心所感。我们开始确信,他了解我们内心最

---

① 原名拉胡尔·钱德拉·高斯(Rakhal Chandra Ghosh,1863-1922),室利·罗摩克里希那的修道弟子,后者视他为自己的灵性儿子。多年担任罗摩克里希那修道会的领袖。他是一位伟大的圣人和灵性导师,曾改变了许多人的生命和品性。

深之处的想法。接着，随着持续地感觉神的同在，经由神的恩典，我们的天眼得以打开；正如我们在《羯陀奥义书》中读到的那样："对那些感觉到神的真实存在的人来说，神将展现其最为内在的本质。"与此同时，神的爱也在某种程度上为人所知，并且我们意识到，神就是我们独一无二的"最爱"。根据拿拉达的说法，"强烈的爱"将超越在心醉神迷中获得的天眼。

然而，在我试图解释如何理解这种"强烈的爱"之前，我得首先指出，一个遵循虔信之道的虔信者，是从崇拜一个人格神（例如毗湿奴、湿婆、卡利等）开始的。

也许，对于西方虔信者来说，这一点很容易理解，这不过就是崇拜某个神的化身，例如基督、佛陀或罗摩克里希那。

当然，根据吠檀多传统，神的化身不止一个。唯一神在不同时代会以不同形式和名称化身成人。在《薄伽梵歌》中，室利·克里希那说：

> 当善的力量削弱，恶的势力增强，
> 我即化为人身。

> 每个时代我都降临，传播神圣，
> 摧毁罪人之恶，建立公义。

辨喜解释了神的化身之所以受到人们的崇拜和冥想之原因：神既是主体又是客体，既是"我"也是"你"。怎么会这样？如何认知认知者？认知者无法认知他自己。我可以看见一切事物，却无法看见我自己。阿特曼，即**认知者**（Knower），**即一切之主**，即真实的存在，是宇宙中一切幻象的原因，除非通过投射，否则**他**也不可能看见或认知**他自己**。除非照镜子，否则你无法看到你自己，同样地，除非经过投射，否则，阿特曼即**自我**也无法看见自己的本质。所以，整个宇宙就是**自我试图认识它自身的过程**。这种投射首先来自原质（Prakriti）①，接着来自植物、动物等更佳的投射物，直到到达最佳投射物——即完美的人。如果一个想看见自己的脸的人对着一池浑水看，

---

① 数论哲学中提出的两大终极实在之一。原质意指原始的物质；由三德构成，并组成宇宙间一切物质。通过接近原人（Purusha），原质逐渐进化为精神和物质的世界。

他只能看到一个轮廓；如果他来到一池清水边，他将看到其更佳的形象；但只有当他盯着一面镜子看时，他才能看见投射出来的他的真实形象。而完美的人（即神的化身），正是那个既是主体又是客体的存在之最清晰的投射。现在，你应该明白为什么**完美的**人会被世界各地的人们本能地当作神来崇拜的原因了吧。他们是永恒**自我**最完美的显现。这也就是为什么人们会崇拜如基督或佛陀这样的化身的原因。

现在，让我来解释灵性体验的两个阶段。虔信者首先会体验到所谓**有余三摩地**（Savikalpa Samadhi)[①] 状态，这就是说，伴随着无法言说的喜乐，他已看到他所选择的理想神或具有特定面貌的神。此时他与神之间还有某种分离感。但是，在更高的阶段上，爱、爱者和被爱者三者合一；这种与神的完全结合，就是所谓**无余三摩地**（Nirvikalpa Samadhi)[②]。此时，神就被体验为非

[①] 超然意识的第一阶段，其中仍然存在主体与客体的区分。在这种状态中，求道者可能看见有形或无形的人格神的神秘异象。

[②] 吠檀多哲学的术语，指意识的超然状态，在这种状态中，求道者完全融入梵中，所有二元意识消逝。

人格的、内在的和超越的。而"强烈的爱",即Prema(对神狂喜的爱),就是指这种体验。

室利·罗摩克里希那将Prema定义为"对神的强烈的爱,它使人忘却世界,甚至忘却自己的肉身,它超越了物质层面的意识"。

这种强烈的爱是一种无法言说的喜乐的超越体验,在这种状态下,自我完全消失。

圣人和先知实现了与神的彻底结合,从而意识到神即是**自我**,即是人们中间的真实存在。不过,在我从中提出某些例证之前,我得首先说明圣爱的主要特征:

第一,真正的虔信者是为爱而爱神的。他不会为爱讨价还价或斤斤计较。虔信者甚至不寻求解脱,不过尽管如此,他仍将获得解脱。

第二,这种爱是无所畏惧的。辨喜说,因人性的弱点,出于害怕惩罚的原因而崇拜神,是有失尊严的宗教。室利·罗摩克里希那的灵性伴侣

第1章

室利·莎拉达·兑维（Sri Sarada Devi）①曾说："假如一个幼儿在泥潭里玩耍把自己搞得脏兮兮的，他的母亲是把孩子扔掉，还是抱起孩子，给他洗澡，然后把他安放在膝上？"神比我们自己的父母更伟大。唯有他，才是爱本身。斯瓦米·婆罗门南达曾告诉我："神的眼里有罪吗？神的一瞥使一切罪灰飞烟灭，正如把一根划燃的火柴投进一堆棉花里。"

最后，这种爱是无与伦比的。对虔信者而言，神是唯一的被爱者。室利·柴坦尼亚（Sri Chaitanya）②在对神祈祷时说：

---

① 原名莎拉达玛尼·姆豪帕蒂亚雅（Saradamani Mukhopadhyaya，1853—1920），也被称为圣母，室利·罗摩克里希那的妻子。他们的婚姻生活具有持续节欲的特征，展现了居士和修道生活方式之最高理想。尽管圣母在简朴的乡村女人的伪装下竭力隐藏她那超常的灵性天赋，但甚至在她在世期间，她就被当作神母的一个化身而受到崇拜。

② 印度教的伟大宗教人物之一，于1485年出生于孟加拉。孟加拉毗湿奴派信徒将柴坦尼亚视为克里希那的一个化身。出于对神的狂喜的爱，不论种姓和教义如何不同，他对圣人和罪人一视同仁。柴坦尼亚强调，爱的瑜伽是认识神的一种方式，并特别强调念诵曼陀罗这一灵修方式。

哦，您，偷走了虔信者的心，
您怎样待我皆可。
因为您，且唯有您，
是我心之最爱。

现在，让我先从印度教之外的那些宗教圣人和圣徒中提出一些例证，这些圣人和圣徒也是通过爱而实现与神的彻底结合的。

苏菲派智者哈拉智（Al-Hallaj）在体验到终极真理后宣称："我就是真理，我就是我所爱的**他**，我所爱的**他**就是我。"

圣保罗（Saint Paul）说："*Opitmum esse unire deo*"——与神合一至高无上。

狄俄尼索斯（Dionysius）说："爱的本性是把人变成他之所爱。"

德国神秘主义大师艾克哈特（Meister Eckhart）说："灵魂在热烈追求神的过程中将被神吸收，而且她本人也将逐渐消失，正如太阳吞噬和消除黎明……有的人思维简单，以为神就居住在那里，而他们则在这里。情况并非如此。神与我合一。"

第1章

室利·罗摩克里希那用下述文字说明了关于神的最高异象:"他确实获得了至上的觉悟:不仅意识到神的存在,而且知道它既是人格神又是非人格神;他强烈地爱神,与之交谈并分享其喜乐。这种觉悟的灵魂在陷入冥想时将意识到神的喜乐,达成与不可分割的非人格存在的合一;当他恢复正常意识并将这个宇宙视为那个存在的显现和一场神圣剧时,他也会意识到相同的喜乐。"

在《薄伽梵歌》中,室利·克里希那说:

> 心与梵同在,
> 眼中有万物,现在只见梵。
> 在所有生命中,认识其阿特曼,
> 阿特曼之中,有一切创造物。

室利·柴坦尼亚是一位伟大的爱神者。室利·罗摩克里希那曾对室利·柴坦尼亚的伟大灵性表达过钦佩,他说:"室利·柴坦尼亚曾体验过三种心境。在内心最深处的心境中,他沉浸在三摩地中,对另一个世界全无意识;在半意识的心境中,他在心醉神迷中舞蹈但无法说话;在意识的心境中，他歌颂神的荣耀。"

在《圣典薄伽瓦谭》中我们读到，室利·克里希那的伟大虔信者普拉拉达（Prahlada）在完全进入梵的意识之后，既未发现宇宙也未发现宇宙之因。对他来说，所有一切就是一个无限存在，浑然一体，无名无形。一旦他恢复个人的意识，宇宙即出现在眼前，随之而来的是宇宙之主——无限福佑之宝藏。同样情境也适用于神的挤奶女工——布瑞德瓦（Brindavan）的牧羊女（Gopi）[①]。一旦她们融入对克里希那的爱中，她们便实现了自己与他的结合并成为众多克里希那。但当她们意识到自己的牧羊女身份时，她们就把克里希那看作一个崇拜对象，她们眼前立即出现"爱神的化身克里希那，他面带微笑，脸若莲花，身披黄袍，花环绕身"。

纵观室利·罗摩克里希那的一生，我们发现，他每一天可以多次与神合一。其时，他实现了那

[①] 这些牧羊女既是室利·克里希那的同伴也是他的信徒。牧羊女与克里希那的故事被认为是最强烈的圣爱之典范。室利·罗摩克里希那认为这些牧羊女是早期圣徒和先知的化身。

种统一的意识；之后，随着他恢复正常意识，他又将神看作喜乐之母。

第3节

अमृतस्वरूपा च ॥३॥

Amṛta-swarūpā ca.//3//

圣爱就其内在本性而言是永恒的喜乐。

这种永恒的喜乐的本质是什么？是一种绝对幸福和极乐的状态。有一次，我的导师告诉我："人们谈论享受生活，但那些沉浸在物欲和情欲中的人们知道什么是快乐的生活吗？只有那些将自己奉献给神并从神那里找到甜蜜的人，才可能开始品尝到真正快乐的生活。"梵文中有"Madhava"一词，意思是**甜蜜者**，它是神的名字之一。

在《泰帝利耶奥义书》中我们读到："**自存之物**（Self-Existent）是幸福的本质。如果那喜乐的**自我**无法居于心莲之内，谁能生存？谁能呼吸？正是他，给予快乐。"在《白净识者奥义书》中我们发现："正如一块埋在土里的金属经过清洗后就会闪闪发光一样，身体之内的居住者在意识到关于**自我**的真理之后就摆脱悲苦，获得喜乐。"

《圣经》中可以发现类似的真理："耶和华救赎的民必归回，歌唱来到锡安；永乐必归到他们的头上，他们必得着欢喜快乐，忧愁叹息尽都逃避。"（《以赛亚书》51:11）

耶稣说："可以进来享受你主人的快乐。"（《马太福音》25:21）

室利·罗摩克里希那将神描述为"喜乐之海"。有一次，他问年轻的弟子纳兰（Naren）①："假如有喜乐之海，你不愿意跳进去吗？"

纳兰回答："哦，是的，我不会跳进去，因为我可能会被淹死，我宁可坐在岸边品尝甘露。"

听到回答，室利·罗摩克里希那笑道："不，你不会淹死，因为这是不死之海。人若跳入，便获永生。"

这是永恒的喜乐，没有终结。人们为融入这种永恒的喜乐而生活。达于神即获得这种喜乐。

人们通过获得感观世界所欲之物而得到的幸

---

① 即后来的辨喜。

福或快乐，都是某种原因的结果，因此是短暂的和有限的。确实，人们必须从事灵性训练并作出努力去发现神。但是进行这些训练并作出努力的目的是为了感受神恩；当感受到神恩时，人们就会认识到，若没有主的恩典，自己的一切努力都是无济于事的。

我的导师经常说："神不是你可以买到的一件商品。只有通过神的恩典，人们才能发现达于神的喜乐。"

第 4 节

यल्लब्ध्वा पुमान् सिद्धो भवति, अमृतो भवति, तृप्तो भवति ॥४॥

Yallabdhvā pumān siddho bhavati, amṛto bhavati, tṛpto bhavati.//4//

获得它，人就变得完美、不朽和永恒满足。

我将梵语的悉达（Siddha）一词译为"变得**完美**"，它也含有"人具有神秘力量"的意思。但这个含义在这里并不适用。因为虔信者或任何真正的求道者都知道，尽管他可以获得某些神秘力量，甚至这些力量会不请自来，他也必须拒绝它们，因为它们是获得灵性成长和成就的障碍。伟大的瑜伽士、印度瑜伽哲学之父帕坦伽利（Patanjali），在论述了人们可以通过某些冥想训练获得许多神秘力量之后，最终他着重指出："这些都是世俗意义上的力量，但最高的力量将会克服它们。"在通向神的道路上，有着如此之多的诱惑企图引诱求道者远离正道。

因此，该词的真正含义就在于，当一个人的心中升起对神的强烈的爱时，他就变得完美了。获得完美，意味着与神合一，或显现人心之中早已存在的神性。正如耶稣所说："所以你们要完全，像你们的天父完全一样。"我们应该时时谨记，耶稣所指的天堂，就在**人心之中**。

严格地说，这种完美并非获得之物。因为真实的**存在**、**自我**、**阿特曼**都是与**梵**合一的。唯有无明掩盖了我们心中关于神的真理并遮蔽了我们的天眼。无明即私我意识（the sense of ego），它产生于对自我与非我的辨别中，即它把自己认同为心意、感官和身体。当私我消解时，内在的神即**被爱者**，就会被实现为我们的真实**自我**，这正

第1章

如通过强烈的爱，爱者与**被爱者**合二而一。

这种完美又称解脱，即当无明的束缚被切断时，人不仅从一切不完美和有限性中解脱出来，而且从业的法则（the law of Karma）和生死轮回中解脱出来。简单地说，业的法则就是因果律。这种因果律不仅在物质世界起作用，而且也在道德和精神世界起作用。"种瓜得瓜，种豆得豆"。这就是定律。我们的快乐和痛苦都是我们自己的业的结果。此外，业的法则与轮回法则紧密相关。为什么有人生而富有，有人生而贫穷；有人天生聪颖，有人资质愚钝；有人形体匀称强健，有人跛足或目盲。如果这是第一次生命，那么造物主对人类的这些差异负有责任。根据某些西方哲学家的观点，每个孩子出生时就带有某些知识，而不是白纸一张。他们将这种知识归结为遗传。但是在印度，人们认为这是前世积累的印记。只要人们把自己认同为虚假的自我（即私我意识），那么，所有一切都受这种业的法则和轮回法则的制约。但是，如果一个人认识到他的阿特曼，即他的真正**自我**，他就从业的法则和轮回法则中摆脱出来。这在学术上就被称为解脱。

《奥义书》说，对于一个获得了关于真实**自我**之知识的人来说，"心中的无明之结就已打开，一切怀疑不复存在，一切行为的后果也已耗尽。"这样的人被称为"有身解脱者"(Jivanmukta)[①]。实际上，真正的**自我**既不出生也不死亡。出自《羯陀奥义书》的下列段落对这一观念解释道：

"**自我**是全能的主。它既不出生，也不死亡；既非因，也非果。这个古老的**太一**从未出生，具有永恒性和不灭性。尽管身体会被摧毁，但它不会被杀死。倘若杀手认为自己杀了人，或被杀者认为自己被杀死，他们都没有认识真理。**自我**不会杀人，也不可能被杀……无声、无形、无体、无死、无味、无嗅、永恒、无始无终、不可分割、超越自然，这便是**自我**。如果能这样认识他，人就从死亡中解脱出来。比最小的东西还小，比最大的东西还大，这个**自我**永远居于所有人的心中。当人摆脱了欲望，他的心意和感官得到净化，他就会看见**自我**的荣耀且无怨无悔。"

[①] 在物质身体还活着之时通过与神联结而从业和轮回中解脱出来的人。

第1章

辨喜这样表达这个观念：

"正如一个人手拿一本书在读，他读一页翻一页，再读下一页，再翻一页，如此等等，但被翻动的是书，是书的页面在转换，而非他本人——他还在原来的地方。而灵魂也是这样，整个自然界，就是灵魂在阅读的书。每个生命，就好像是书中的一页，读一页翻一页，如此下去，直到整本书读完，灵魂因获得了对自然的一切体验从而变得完美。然而同时，灵魂在此过程中从未移动过，从没来过也未去过，而只是在积累体验。但是在我们看来，我们似乎在移动。地球在移动，但我们却认为是太阳而不是地球在移动，我们现在知道这是错误的，这只是感官的错觉。那么，我们的出生和我们的死亡，我们的到来和我们的去往，所有这一切是否都是这种错觉？我们既不来也不往，我们也从未出生过。因为，灵魂能到哪里去？它无处可去。它不是早已在那里了？"

我将悉达（Siddha）译为"变得完美和有身解脱"，而室利·罗摩克里希那曾就这个词说了句双关语。在孟加拉语中，它还具有另一层含义，即"煮熟的"。所以，室利·罗摩克里希那常说：

"当人成为悉达（Siddha）（达到完美和解脱），他就变得像煮熟的土豆或蔬菜那样柔滑细嫩。"也就是说，他的心融化在对其人类同胞的同情之中因而变得慈悲。

达到了这一点，他也就变得**不朽**。

不朽的准确含义是什么？有一种普遍的误解认为，不朽或永恒生命是指生命在时间和空间上的无限延续。现代科学确证了彻底灭绝的不可能性。确凿的事实是，存在或某物存在包含存在的延续性的意思，尽管这一存在可能是在不同的条件下以不同形式存在的。通过认识**自我**或内在的神获得不朽，并不意味着存在物在时间和空间之内的延续，而意指"**自我**将超越时间和空间而不死"的这一觉悟。世界其他主要宗教的类似教义也主要是教导人们，一个人活在世上要过觉悟和完美的生活。例如，当基督对其信徒说，到他这里来才能在他之中发现永恒生命，这话是什么意思呢？到达基督或梵不是别的，就是进入一个人自己的神圣**自我**，这个**自我**超越时间和空间，并超越千百种只属于有限世界和仍未觉悟到更高**自我**的人们的其他人类条件。

获得它,人就变得……永恒满足。

也许对这一点的最佳评注,是引用基督对那个到雅各井边取水的撒玛利亚女人说的话:

"凡喝这水的,还要再渴,人若喝我所赐的水就永远不渴。我所赐的水,要在他里头成为泉源,直涌到永生。"(《约翰福音》4:13—14)

第5节

यत् प्राप्य न किञ्चिद् वाञ्छति, न शोचति, न द्वेष्टि,
न रमते नोत्साही भवति ॥५॥
*Yat prāpya na kiñcid vāñchati na śocati na dveṣṭ
na ramate notsāhī bhavati.//5//*

人到达无所欲求的境地;他不再悲伤,从仇恨或嫉妒中解脱出来;他不以生命中的虚荣之物为乐;他不再期盼为己索取。

对照拿拉达的这节经文,我引用室利·克里希那在《薄伽梵歌》中的话来揭示觉悟的灵魂所具有的特征:

他了解阿特曼中的喜乐,且别无所求。

欲望折磨人心；他放弃欲望。
我称他为觉悟之人。

逆境不能使他动摇，幸福不能令他动容；
无所畏惧，远离愤怒，摆脱所欲之物。
我称他为觉悟的先知，
肉体的束缚已经挣脱。
他幸运，亦不喜；他不幸，也不悲。
我称他为觉悟者。

现在我们来探究这节经文每段话的意思。

人到达无所欲求的境地。

商羯罗说："觉悟的果实是欲望平息；欲望平息的果实是体验到阿特曼的喜乐，平静随之而来。"

欲望产生于有限和不完美的感知。觉悟的人一无所缺；他还有其他什么渴望吗？梵文中有两个词——Nishkama 和 Purnakama，前者的含义是无欲望，后者的含义是一切欲望完全实现。神人（a man of God）就是 Purnakama，因为他是完全实现的，无须再获得或实现什么。《薄伽梵歌》写道:"此时他将领悟到,净化的心灵可以实现无限的快乐,这种快乐感官无法把握。他坚定地站立于那实现的快乐中。由此,他再也不会离开他内心深处的真理。"其后又写道:

- 现在他拥有了它,
  他知道这一财富,胜过其他一切。

在求道者与实现者之间有着区别。这里再次引用《薄伽梵歌》中的话:

> 禁欲者逃离所欲之物,但一直背负着欲望,
> 一旦人进入实在,便抛弃了一切欲望。

但是,他还剩有一个欲望:即在人类中侍奉神。一个觉悟的灵魂,他的心饱含对他人的苦难的同情,充满怜悯。

室利·罗摩克里希那曾问纳兰他最喜欢什么。纳兰回答说,他希望一直沉浸在三摩地中,偶尔恢复正常意识只是为了维持身体的需要而吃点喝点,然后继续回到三摩地中。对此,室利·罗摩

克里希那说:"你真可耻!我还以为你要比那更伟大。"接着,室利·罗摩克里希那提醒他,一定要记住通过人类来侍奉神的理想——不仅一个人自己品尝神的喜乐,还要帮助他人品尝同样的喜乐。

确实,《薄伽梵歌》这样写道:

谁在自己内心之中,
与喜乐同燃烧,与众生共悲伤,
将一切喜乐悲伤,都当作自己所有:
我就把他视为最高的瑜伽士。

……他不再悲伤,而只是"他与众生共悲伤"。

他……从仇恨或嫉妒中解脱出来。

嫉妒或仇恨来自于不能实现的欲望。倘若人处处可见自己之**至爱**,他如何可能有仇恨或嫉妒?

但是,假如有人伤害或侮辱圣人,他该如何反应?《圣典薄伽瓦谭》中的"托钵僧之歌"给出了最佳例证。有些无知者严重伤害和侮辱了托钵僧。托钵僧却继续往前走,并自言自语道:"即便你认为他人造成了你的快乐和痛苦,但你其实既不快乐也不痛苦，因为你是阿特曼，不变的灵。你的快乐和痛苦的感觉，来自于你错误地把你的**自我**认同为身体，而身体受制于变化。你的**自我**就是所有一切的真实**自我**。如果你不小心用你的牙齿咬了自己的舌头引起疼痛，你该对谁发怒呢？"

……**他不以生命中的虚荣之物为乐；**

他的心在梵之中，在永恒的宝藏之中，其中有着永恒的喜乐。所以很自然，他不可能把他的心交给转瞬即逝的快乐。

普罗提诺（Plotinus）说："没有二，只有一；灵魂不再意识到身体和心意，但知道她有她所欲之物，知道她能够前往全无欺骗之地，哪怕给她天堂中的天堂，她也不愿意交换那种喜乐。"

……**他不再期盼为己索取。**

这并不意味着他变得怠惰或不再行动。确实，正如室利·克里希那在《薄伽梵歌》中所说："人在阿特曼中找到喜悦、满足和平静，那么他就不必再采取任何行动了。他在此世不再有要通过行动收获之物了，他不再行动也不会失去什么了。"尽管如此，室利·克里希那仍然要求他的弟子们行动，他说："你的行为动机应在于，通过你的示范引导他人走上责任的道路。"

室利·克里希那接着说：

> 愚人为行为结果工作，智者必须无欲行动。
> 他将引领众人，走上责任之路。
>
> 他为他们做出榜样，如何使工作变得神圣：
> 只要行动者的心意，集中在最高者身上。

这节经文中的最后一句话还有另一层意思：他不会耗费自己的精力。也就是说，他不会按照他自己的意志来行动，因为他已经把自己的意志完全交付给了主的意志。这正如丁尼生（Tennyson）所说：

> 我们的意志属于我们，却不明就里；
> 我们的意志属于我们，却加之于你。

我与导师斯瓦米·婆罗门南达的一次谈话，说明了一个觉悟的灵魂是如何根据主的意志指引来行动的。有一天，导师让我看一下日历，为他启程离开马德拉斯挑个好日子。我一边查日历一边禁不住笑了起来。马哈拉吉（Maharaj）[①]看到我在笑，问我原因。我回答说："哦，马哈拉吉，每次您准备出门都要通过这个程序来计划您哪天启程，但其后您又会突然决定在另一天出发。"

听到这个回答，马哈拉吉说："你认为我做事是根据我自己的意志吗？虔信者们坚持让我确定某个出行的日子，为避免他们持续的纠缠我就先暂定下一个日子。但在我知晓主的意志之前，我是不会出门或做任何事的。"

"您的意思是，"我问道："你一直受主的意志的指引？"

"的确如此。"

"那么，马哈拉吉，我也认为或感到我是按神的意志行事的，但实际上我只是遵循自己的倾向，并把这些倾向归于神的意志。您不是这样做的吗？"

[①] 斯瓦米·婆罗门南达更多时候被亲切地称为马哈拉吉（Maharaj）。

"不，我的孩子，这是不一样的。"

"那么，您的意思是，您的确看见神并直接与他谈话而后知晓了他的意志？"

"是的，在我直接知晓神的意志并且他告诉我应该怎么做之前，我会一直等待。"

"每件事情都这样？"

"是的，我做的每件事情都有神的直接指引。"

"那么您是否只接受神想要你接受的那些弟子？"

"是的。"

经过与他的这次对话，我对他独特的行为方式有了更好的理解。比如，任何时候任何弟子向他请教问题，他都会说："等等。今天我的脑子不好使。"或者说："我胃不舒服，明天回答你。"有时候，在弟子得到确定答案前，许多个明天已经过去。但马哈拉吉最后一旦开口，他的话语背后总有一种特殊的力量。

第6节

यत् ज्ञात्वा मत्तो भवति, स्तब्धो भवति, आत्मारामो भवति ॥६॥

Yat jñātvā mattaḥ bhavati, stabdhaḥ bhavati, ātmārāmaḥ bhavati.//6//

虔信者最初可能会陶醉在喜乐中。接着,当意识到"那"之后,他变得迟钝、沉默并以阿特曼为乐。

在解释这节经文之前,我先要指出,不存在任何统一的外在行为或标准可以适用于完美的人。一般说来,人们会根据他们自认为圣人应该如何行动或行为的标准来评判他们。但圣人完全不受任何世俗惯例的约束。然而,所有觉悟的灵魂的内在体验,在意识的最高层次上都是完全相同的——不管他们是印度教徒、基督徒、穆斯林或犹太教徒。他们都拥有喜乐和甜蜜的内在体验。但从外表上看,他们似乎与专注于日常工作的普通人无异。

室利·罗摩克里希那曾用这样的话语来描述完美的灵魂:"他有时像五岁小孩那样行动,有时显得心醉神迷或有些疯狂。或者他看上去明显迟钝——沉默且一动不动。他不受任何法律或法规的约束,但他不做任何不道德的事。他并不刻意追求无私,但他的行动和动机都是无私的,正如鲜花散发其芳香。"

我也曾见过觉悟的灵魂看起来是如何"坚如磐石",而其内在本质却"比花瓣还柔嫩"。我的导师有时候严厉地斥责我。但是,我内心深处一直知道,因为他爱我,他才纠正我的错误。有一天他告诉我:"母亲把婴儿抱到膝盖上打他的屁股,孩子仍会哭喊'妈妈,妈妈'。"

他……**陶醉**……

一位神母(Divine Mother)①的虔信者拉普拉萨德(Ramprasad),在一首歌中唱道:"我的心陶醉了,因为我喝了神母圣足边上的甘露,但在醉汉看来我似乎也是一个醉汉。"

在《唱赞奥义书》中,有一个段落象征性地表达了灵性沉醉的概念:"在梵的世界有一个湖泊,湖水犹如甘露,无论谁喝了湖水,都会立即

---

① 指卡利女神。——译者

沉醉在喜悦中；在那个湖的边上有一棵树，它会分泌出永生的果汁。"

室利·罗摩克里希那的弟子斯瓦米·斯瓦南达（Swami Shivananda）有一天告诉我们："清晨早起进行冥想并按照你的心意念诵曼陀罗[1][2]。那会把你的心意保持在较高的层次上。我自己就是这么做的。可以这么说，我清晨冥想，所以整天都在陶醉中度过。"

在这一点上，让我引述一下斯瓦米·婆罗门南达的弟子对他所体验的神圣陶醉的描述，当时他正在访问位于布里（Puri）的迦格纳特（Jagnnath）神庙。他一直认为，对他来说，这种体验只有通过他的古鲁以及主的恩典才有可能。

---

[1] 曼陀罗（mantra），亦写作 Mantram。主要含义有二：（1）与弟子选择的理想神相应的特定的神的名称，由古鲁授予弟子而使之开启灵性生活。人们认为，曼陀罗与神合一，它代表着古鲁对其弟子的教导的实质，弟子被告诫要保持曼陀罗的神圣性和秘密性，并终生冥想曼陀罗所象征的神性。定时地并虔诚地反复念诵曼陀罗将净化心灵并最终达到与神合一。（2）神圣的话语、诗句或吠陀颂歌。

[2] 念诵曼陀罗，亦写作 Japam，反复念诵一个神的名字——通常是一个人自己的曼陀罗——的练习。可使用念珠计算是否念诵到规定的遍数。

下面是他的原话:"我与一位同门师兄去迦格纳特神庙朝圣。有个祭司做我们的向导。我们必须穿过这个巨大庙宇的主神殿内部左侧的一条通道,才能到达最深处的神殿。正当我们准备进入这条通道时,突然听到一个声音传来,犹如响雷击在我身上。(在这里我必须承认,来神殿之前我并未带有任何特别的敬意或虔信;实际上,当时我的心灵干涸。)有那么一会儿,'响雷'击打着我,我十分害怕。但我很快就没有时间害怕了,因为我已经失去了知觉。迷迷糊糊中我听到同门师兄让祭司抓住我的左胳膊;他本人早已抓住了我的右胳膊。他们抓住我双臂之后,我感觉不到有人搀扶着我。我一定还剩有一点点知觉,尽管我已不知道我自己是谁以及我在哪里。我感觉我已陶醉,好像喝了几瓶酒,而且我记得,我拖着脚在走。接近那至圣所时,我内心响起一个英文词,**神,神,神**,尽管我的母语是孟加拉语。接着一种震颤穿过我的身体。当我进入最深处的神殿时,我完全失去了对外部世界的意识。我只知道自己体验到一种突然被打开的异象——尽管我不知道自己的眼睛是睁开还是闭着。我看不见神殿周围的墙，看不见其中挤满的朝圣者，也看不见神殿内的众神像。我只看见激动人心的光的海洋和喜乐的波浪，且越来越强，这种异象绝非语言所能表达。

"我不知道我在神殿里待了多久，但我清楚地记得我何时被带出神殿站在神庙的露天的大院中，我感觉自己的双臂仍被搀扶着。我笔直地站了起来，甩甩身子挣脱了搀扶。

"很久之后，我问我的同门师兄，他怎么知道我会失去意识。他简单地回答说：'我跟马哈拉吉在一起生活很长时间了。所以我知道。'

确实，无法计算马哈拉吉和室利·罗摩克里希那的其他弟子们有多少次陶醉在神的喜乐中。我们自己常常看见他们沉浸在喜乐状态。至于室利·罗摩克里希那，他甚至只要喊出任何神的名字，他就会进入陶醉状态。当我们前往神母的神庙朝圣回来后，他是如此的沉醉以至于一个弟子一直在扶着他。有一次，有个不认识室利·罗摩克里希那的人看见他处于那种状态，就说："那家伙一定烂醉了！"

《室利·罗摩克里希那福音》中有关于这种状

态的美妙描述：

> 突然，导师站起来进入了三摩地状态，他反复念诵着神母的名字。稍微恢复一点知觉后，他载歌载舞：
> 我喝的并非寻常酒，而是那永恒喜乐之酒，
> 我反复念诵着神母卡利的名字，
> 它让我的心如此沉醉，
> 以致人们把我当成醉汉！
> 古鲁先赠我糖蜜用以酿造此酒，
> 我的渴望则是酵母使之变为美酒。
> 知识，那美酒的制造者，为我准备；
> 当美酒酿好，心从颂歌之瓶中将它啜饮，
> 念诵神母的名字使它纯净。
> 拉普拉萨德说，饮下此酒，
> 生活的四种果实都归于你。

在印度教的虔信文学中，念诵神的名字被描述为"饮用神的名字的甘露"。

陶醉在神的喜乐世界中的类似体验，也可以在世界所有宗教神秘主义者的生活中发现。

在《白净识者奥义书》中我们读到:"通过冥想实践点燃内心的**自我**。陶醉在圣爱的美酒中。这样你就达至完美。"

意识到"那"……

我把梵文 jnatwa 一词译为"意识到",因为实在——即永恒的被爱者——一直居于心中的圣殿内。它无法像物体那样被我们从外界获得,但内心的神的国却可以将它显示出来。

他看起来……迟钝、沉默……

这是指三摩地状态,即对那种超越三种普通意识状态(清醒状态、做梦状态和深眠状态)的统一性意识的体验。在所有当代的典范中,室利·罗摩克里希那是已知的唯一能每天许多次进入三摩地的人。因此,我要引用 M.(他是一位目击者)在《室利·罗摩克里希那福音》中的话来描述他的状态:

"……室利·罗摩克里希那身上发生了奇特的转变……他看见了罗哈尔(Rakhal)①,他的眼神表现出极大的温柔,正如母亲雅苏达(Yasoda)

---

① 罗哈尔就是后来的斯瓦米·婆罗门南达。——译者

对孩子克里希那的爱。用饱含强烈的爱的声音，他念诵着圣名，'高文达，高文达'，接着便进入深度的三摩地状态。虔信者们惊异地看着他：他的身体一动不动，犹如雕像。他的感知和感官都不再运作，双眼凝视鼻尖，呼吸几乎停止。"

室利·罗摩克里希那在一次谈话中也曾指出，一个人获得至上智慧的标志，就是变得沉默。

商羯罗说："这种沉默状态是完全平静的状态，心意不再关注非实在。在沉默中，伟大的灵魂认识了梵并与梵合一，享有永恒的纯粹喜乐。"

他……以阿特曼为乐。

这是指神人在认识了关于梵的真理之后又返回到正常意识中。

在《分辨宝鬘》一书中，商羯罗完美地描述了知梵者的生活状态：

"梵的海洋溢满甘露——阿特曼的喜悦。我在那里发现的宝藏无法用语言形容；心意也无法构想它。我的心如冰雹撒落在广阔的梵的海洋中。碰到一滴海水，我便融化，并与梵合一。现在，即便我重返人类意识，我仍安住在阿特曼的喜悦之中。"

爱的瑜伽
《拿拉达的虔信经》及其权威阐释

第 2 章
弃绝与忍让

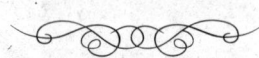

第7节

सा न कामयमाना, निरोधरूपत्वात् ॥७॥
Sā na kāmayamānā nirodharūpatvāt.//7//

虔信不能用来实现欲望，它本身克制一切欲望。

在这个语境中，虔信表示对神的最高的和强烈的爱。当虔信者心中升起对夺人心魂的至爱之主的狂热之爱时，他心中便不再有对这个宇宙的物体和愉悦的任何欲望了。如果一个人发现了神，一切愿望便在他那里得以实现。如果你住在大河边，河水清澈纯净，你绝不会去挖井用以解渴。

商羯罗是如此描述神人（God-man）的喜乐状态的："私我已经消失，我已经实现与梵合一，因而一切欲望烟消云散。我已经超越有关这个表象宇宙的无知和知识。我感受的这种喜悦是什么？谁能衡量这种喜悦？我只知道这种喜悦无边无际。"

在这里，我将引述辨喜生活中的一件事，当时，辨喜还是一个名叫纳兰的年轻人。这件事可以用来说明，虔信本身是能够抑制所有世俗欲望的。

"1884年初，纳兰的父亲维斯瓦纳特（Viswanath）因心脏病发作去世；他患上此病已经有一段时间了……在检查维斯瓦纳特的财务状况时，发现他入不敷出，债务缠身。纳兰决定积极地寻找工作以重振家业。他在律师事务所找到一个职位，此外还从事图书翻译。但这些都是临时性工作，不能给他的母亲和兄弟们带来真正的财务安全。于是，纳兰决定请罗摩克里希那代表他向主祈祷，以解决他家庭的经济困难。罗摩克里希那答复他说，他必须自己祈祷，还必须忘记他此前的顾虑，接受神母的存在并向她祈求帮助。'今天是星期二，'罗摩·克里希那补充道，'是一个对神母特别神圣的日子。今晚就去神庙祈祷。我保证，无论你祈求什么，神母都会赐予你。'

"到了九点，罗摩克里希那打发他去神庙。走到半路上，纳兰觉得自己晕乎乎的，好像喝醉了。一进神庙，他立即看见，那活生生的神母真实地站在他面前。纳兰完全不知所措，只得一次又一次在她的神龛前叩拜，他呼喊着：'神母——请赐予我分辨心，赐予我不执，赐予我神圣知识和虔信,保证我可以永远毫无阻碍地见到您!'他内心充满平静。宇宙从他的意识中完全消失,只有神母与他同在。

"纳兰从神庙回来后,罗摩克里希那问他,他是否为解决他的家庭困境而祈祷。纳兰吓了一跳;他竟然把这事给忘了。罗摩克里希那让他赶快返回神庙去再做祈祷。纳兰遵命返回神庙,但他再一次沉醉于喜乐之中,忘记了自己的初衷,同先前那样,只为获得不执、虔诚和知识而祈祷。当他回来向导师坦陈这一情况后,罗摩克里希那说:'傻孩子!你就不能稍微克制一下,记住要祈祷什么?再回去一趟告诉神母。'但当纳兰第三次来到神庙的神龛前,他感到某种强烈的羞耻感,他要祈求的东西实在是微不足道。后来他这样说:'这有点像受到国王的盛情款待,还要向国王讨要葫芦和南瓜那样。'因此,他再一次只向神母祈求赐予不执、虔诚和知识。"

然而,罗摩克里希那祝福了纳兰一家,他说:"他们将永远不会缺衣少食。"

这是任何求道者的内心体验。随着他越来越接近神,他心中会越来越充满爱和虔信,以致容不下其他任何欲望。拉普拉萨德有一首歌，歌中唱道：哪怕获得众神之王因陀罗的地位，也远远比不上神母仁慈的一瞥。

第 8 节

निरोधस्तु लोकवेदव्यापारन्यासः ॥८॥

Nirodhastu loka-veda-vyāpāranyāsaḥ.//8//

弃绝意味着将无论世俗还是神圣的一切行为都奉献给神。

弃绝一词听上去令人不快，但事实上，它只意味着为了伟大的而放弃渺小的，为了冰淇淋而放弃甜牛奶；意味着你在交换中将获得更好的东西。这里有一个关于圣人与国王的故事。国王来到圣人面前，对他说："您是一个如此伟大的人，拥有如此伟大的弃绝之心。"圣人回答说："哦，不是这样，在弃绝方面，你更伟大。你瞧，我为了无限和永恒放弃了有限、渺小和短暂的事物，而您为了并非永恒的生活而放弃了永恒。所以，你的弃绝比我更伟大。"

罗摩克里希那常说，理想的弃绝必定是自然

发生的，人们不能强迫自己弃绝。他举了这样一个例子：有人试图在伤口彻底愈合前把伤口上的结痂剥掉，但这么做会使伤口恶化。让结痂干枯，它会自行脱落。同样，你必须走向神，为纯洁的虔信而祈祷，学会爱神，随着爱在你心中生长，激情将会自然地得到控制，你的心也将不再执着于世俗之物。因此，虔信之道最自然最容易遵循。随着你越来越多地想到神，爱就会在你的心中生长；而随着爱的生长，分辨心、平静心和纯洁心就会自然地降临在你身上。

可以将神比作一个大磁体，而把我们的激情和世俗享乐比作一些小磁体。但当这些小磁体吸住我们时，由于污物和尘埃集聚在我们心中，我们就感受不到大磁体的吸引力。然而，一旦我们渴望神，为神而哭泣，那么污物和尘埃都将被洗净，我们就会感受到作为神恩的大磁体即神的吸引力了。

完美的灵魂无欲无求。对他来说，弃绝世俗物欲就自然而然，他已自觉而充分地意识到"他生活及行动在神之中，并已与神合一"。

弃绝并不意味着逃避一切行动，而是说，一

个神人的一切行为,无论是世俗行为或是灵性行为,都要奉献给神。他的工作就变成崇拜神的工作。他可以生活在这个世界,但却不属于这个世界。正如罗摩克里希那所说:"让船停留在水面上,而不让水停留在船之中。"

《薄伽梵歌》则这样说:

"行动自由绝不来自于放弃行动。没有人能够通过停止行动而获得完美。事实上,没有人能够停止哪怕是片刻的行动。(此处的行动也指有意识或无意识的心意活动。)一切都受三德(Gunas)[①]的驱使而无助地被迫行动。

"一个人若弃绝身体行动但仍将心思停留在其感官欲望的对象上,那就是自欺欺人。这种人只能被称为伪君子。真正值得敬重的人,可以借助其意志的力量控制其感官。他的所有行动都不受欲望驱使。所有行动都指向与梵合一的道路。

"除非为崇拜神而采取行动,否则世界就为其

[①] Guna(德),指原质之三种属性或能量之三种形态(萨埵、罗阇和答磨)的任何一种;此三德(Gunas)构成了精神与物质的宇宙。当三者处于完美平衡状态时,就没有创造、表现或展示;当平衡被打破时,创造就发生了。

第2章

自身的行为所禁锢。因此,你必须神圣地采取每一个行动,且不执着于任何结果。"

室利·克里希那将教导我们如何通过人的所有行动来崇拜神的秘诀。他说:

> 无论何种行为,
> 无论你给对方什么礼物:食物或崇拜;
> 无论你如何对圣灵起誓;昆蒂之子啊,
> 把这些也当作祭品奉献给我。

认识到工作的这一秘诀后,商羯罗说:"主啊,无论我做什么,一切都出于对您的崇拜。"

"世俗性意味着,'我'感觉自己是行动者,而执着于世俗的对象和人则意味着,'我'感觉自己**拥有**它们,它们属于'我',它们是'我的'。罗摩克里希那过去常说:'我是机器,你是操作者。我是房屋,你是居住者。我按照你要我做的去做,我按照你要我说的去说。"

神是我们心中的君王,但是因为无明,我们忘记了心中仁慈的临在,篡夺了他的王位。我们必须放弃错误的自我感觉,而让真正的君王

——即内心的主——在所有方面指导我们。我要日夜念诵:"不是我,不是我,而是您,我的主。"

求道者应该努力仿效觉悟者的生活与行为。应该始终为自己的目标而奋斗:与神结合。达到这个目标的最佳方式是培养信念,即相信这种结合是能够实现的,且并非在遥远的将来,而是在当下的任何时刻。然而,与此同时,他还必须保持耐心。耐心和坚持是真正的求道者的两种品行。

第 9 节

तस्मिन्ननन्यता तद्विरोधिषूदासीनता। च ॥९॥

Tasminnananyatā tadvirodhiṣūdāsīnatā ca.//9//

一个虔信者的弃绝意味着他的整个灵魂都会走向神,无论什么妨碍他爱神,他都将拒绝。

他的整个灵魂都会走向神。

换句话说,他要在所有方面与神结合。一个人只要活着,他就会拥有激情。但一个虔信者的激情会得以升华,那就是说,这些激情会毫无压制地指向神。

一旦整个灵魂都走向神,更多的事情就会发

生。这类人的生命会消融在同情心中。神就是爱，神的爱没有动机。随着虔信者开始越来越多地想到神并开始遵循灵性生活的戒律，他就会意识到神对一切众生的无动机且强烈的爱，尽管他们不乏过失和弱点。通过爱神，虔信者会体验到同样的爱。他会开始在任何地方和任何生命中看见他所爱的主的面孔，并且会一生为侍奉神而生活。

我们曾有幸遇见过室利·罗摩克里希那的一些弟子。对我们来说，他们就是圣爱的化身。他们最吸引我们的是，他们对我们的无动机的爱。我们没有给予他们任何东西，他们却深爱我们，胜过我们的亲生父母、朋友或其他任何普通人。

此外，一个全身心爱神的虔信者，将从自我中心中解脱出来，他的意志将与神的意志合一。当然，为教导人类的缘故，他必须具有某种私我的意识，但是，正如室利·罗摩克里希那说的，他的私我是"知识的私我"，其本身是无害的。

有一次，斯瓦米·婆罗门南达告诉我，辨喜已从与梵分离的"我"的意识中完全解脱出来了。室利·罗摩克里希那的另一个弟子，斯瓦米·图利亚南达（Turiyananda）也告诉我："每当辨喜使用'我'这个词的时候,这个'我'等同于'宇宙的我,即梵'。"

一个虔信者的弃绝意味着他的整个灵魂都会走向神,无论什么妨碍他爱神,他都将拒绝。(为方便读者,我重述一下上面这节经文,因为在接下来的两节经文中,它将得到进一步解释。)

第 10 节

अन्याश्रयाणां त्यागोऽनन्यता ॥१०॥

Anyāśrayāṇām tyāgonanyatā.//10//

全心全意的虔信意味着放弃任何其他庇护,而托庇于神。

辨喜曾说:"只要有少数几个人站出来说,'我只拥有神',那么这几个人就可以改变世界。"

人要寻求安全感,但是,他如何去寻找?到哪里去寻找?尽管大多数人都可能拥有这个世界所能提供的一切事物,但他们仍然缺乏安全感。我们可以认为财富或财产能带来安全感;或者认为名誉和声望,或愉悦和享乐的对象,能使我们幸福,能带给我们安全感。但最终我们意识到,我们仍不安全，我们感到困惑。只有在神那里才能找到的安全感，他是我们存在最深处的**自我**。其他一切都靠不住，只有神不会辜负我们。我们只能托庇于神。

如果经过灵性奋斗我们能时时刻刻念及神，如果我们心中已升起对神的真爱，那么我们独自就能意识到："它是我们的最高目标，是我们的依靠，是我们至爱的主，是我们内心的见证，是我们的至上居所，是我们真正的庇护者，是真正的朋友。"

一个全心全意走向神的虔信者从内心深处知晓："神是我唯一的力量、唯一的财富和唯一的庇护者。"

辨喜的虔信弟子斯瓦米·萨达南达（Swami Sadananda），把斯瓦米吉[①]当作自己唯一的庇护者。对他来说，他的古鲁斯瓦米吉，就是他的神。萨达南达一度卧床不起，无人帮助便不能行动。有两位忠诚于他的年轻兄弟尽心尽力地照顾他。一次，这两位兄弟脑中闪过一个念头，倘若没有他们的服侍，萨达南达就会全无依靠。萨达南达读懂了他们的心思，便对他们说："瞧，我自己无

---

① 就是辨喜。

法行动。但你们若是把我放到大街上。我的斯瓦米吉将会赶来照顾我,他会一心一意地服侍我。"这就是真正的信仰,这就是"神是我唯一的庇护者"的含义。

第 11 节

लोकवेदेषु तदनुकूलाचरणं तद्विरोधिष्वूदासीनता ॥११॥

Lokavedeṣu tadanukūlācaraṇam tadvirodhiṣūdāsinatā //11//

拒绝任何妨碍人们爱神的事物,意味着采取一些有利于信神的世俗和神圣的行动。

真正的虔信者不会从事诸如会使他忘记神一类的行动。什么是善行?什么是恶行?什么是正见?什么是谬见?唯一的衡量标准是,善行和正见有助于你将心意集中在神身上,有助于你时时刻刻记住神;而恶行和谬见则会使你忘记神并脱离神。

在这一点上,让我引用《羯陀奥义书》中的一段话,这段话是死神(Yama)向少年那吉盖多(Nachiketa)传授的关于不朽的秘诀:"善是一回事,快乐是另一回事。这两者目标不同,但都促使人们行动。选择善行的人有福了;而选择快乐的人则错失了目标。"

"善行与快乐都将自身展现在人们面前。智者细查二者并把它们区分开来。智者宁愿从善弃乐,而愚者受肉欲驱则更愿从乐弃善。"

第12节

भवतु निश्चयदाढर्यादूर्ध्वं शास्त्ररक्षणम् ॥१२॥

Bhavatu niscaya-dārḍhyādūrdhvam śāstra-rakṣaṇam.//12//

只要人的灵性生活还未坚固地建立在神之中,那么他就必须遵循经典。

除非人已经达到对神的强烈的爱,否则他必须遵循经典的指导。因为经典向求道者启示真理和指导。据说求道者必须拥有斯拉达(Sraddha),即对其古鲁的言辞和经典的话语的信仰。

室利·克里希那在《薄伽梵歌》中宣称:"那些蔑视经典的诫命、受自己的欲望驱使而行动的人,无法臻达完美、幸福和最高目标。

"因此,让经典成为你的指导,让它来决定你必须做什么和不做什么。首先按照经典的教导，学会行动之道。"

室利·罗摩克里希那讲到一个寓言故事，它说明了人为何必须遵循经典，直到实现目标。有人收到一封家书，其中附有一份要他采购并带回家的物品清单。他不小心搞丢了清单，于是非常着急。他找了很久，终于找到了这份清单，他按照清单采购了所有物品。随后就把清单扔掉了，因为他不再需要它了。类似地，求道者必须遵循经典的诫命，直到他实现目标。其后，还需要经典吗？

室利·罗摩克里希那曾经举过另一个例子："只要天热，你就需要一把扇子来扇风。但假如春风吹拂，你就不再需要扇子了。"

室利·克里希那在《薄伽梵歌》中说："对于意识到内在自我的真实本性的觉悟者而言，吠陀的用处，就好像一个小池塘，而此时他却有一个湖泊的水可用。"

第 13 节

अन्यथा पातित्याशङ्कया ॥ १३॥

Anyathā pātityāśaṁkayā.//13//

否则，就有堕落的危险。

如果一个人未获得神的意识，不能时刻想起神，若再忽视遵循经典和其古鲁规定的灵性戒律，那么他会常常处于危险之中：昔日感官享乐的印象，以及对世俗之人和物的执着，将对他构成威胁，然后他会从与神合一的道路上堕落。

第 14 节

लोकोऽपि तावदेव; भोजनादिव्यापारस्त्वाशरीर धारणावधि ॥१४॥

Lokopi tāvadeva; bhojanādivyāpārastv-āśarīradhāraṇāvadhi//14//

在对神的爱变得强烈之前，人们只需遵守社会习俗和惯例；但对于维持身体所必需的吃喝拉撒等行为，也不必放弃。

社会习俗和惯例并非由经典所特别规定，它

们在不同的国家和不同的民族是各不相同的。例如，不同国家的人们着装不同。尽管这些习俗和惯例只具有传统性质，但当对神的爱在人心之中变得强烈之前，它们应得到遵守。神母有一句话表达了这个意思，即人身处何地就应该按当地的惯例行事。圣安布罗斯（St. Ambrose）则说："入乡随俗。"一个神人可以忘记外在形式，也不可能指望他严格遵守习俗。但为了维护身体和保持健康，一个神人不能忽视诸如吃喝拉撒睡等自然行为和生物行为。一个神人会认为其身心不属于他自己，而属于神，神是居于他内心之中的灵。

爱的瑜伽
《拿拉达的虔信经》及其权威阐释

第 3 章
圣爱之典范

第 15 节

तल्लक्षणानि वाच्यन्ते नानामतभेदात् ॥१५॥

Tallakṣaṇāni vācyante nānāmatabhedāt.//15//

圣人的观点各不相同,他们对圣爱特征的描述也各不相同。

我们在前面考察过的一些经文,已经把至上之爱的特征定义为走向神。在接下来的几节经文中,拿拉达将引述其他伟大先知和圣人提供的关于虔信或圣爱的种种定义。我们将看到,关于虔信的这些定义,显示了获得对神至上之爱的种种道路和方式。尽管这些定义看起来各不相同,但它们实际上是一致的。为了对圣爱的种种特征提供一种全面的描述,拿拉达整合了所有这些定义,并最终使它们在他自己的定义中和谐一致起来。

最高的真理永远无法用语言来表达。正如室利·罗摩克里希那所说的,关于神的至上真理从未"被人的嘴皮所亵渎过",即它从未被语言表达过。他进一步说:"甚至吠陀经典和世界其他经典都曾被亵渎过，因为它们被人的嘴皮说出过。"真理，关于一切真理的真理，只能被体验；一个神人一旦体验到那种真理，他就变得圆满、充盈并沉默。

然而，我们发现，陶醉于爱之醇酒中的先知和圣人试图言说真理。他们的说法各不相同，因为他们只能各自表达真理的一个侧面。能够表达的只是相对真理，而绝对真理是无法表达的。甚至基督、佛陀和罗摩克里希那，也只能从一种相对的观点来表达自己。因此，他们的表达有时可能不同。不过这些表达并不是矛盾的，而是相互补充的。举例来说，假如你想拍摄一幅太阳的照片，首先从你所站之处拍一张，接着你靠近太阳再拍一张；其后你不断地靠近太阳从不同距离再拍若干张照片。然后你再比较这些照片。它们看起来有所不同，但它们却都是同一个太阳的真实图像。"真理只有一个，但圣人对它的说法各异。"

第 3 章

第 16 节

पूजादिष्वनुराग इति पाराशर्यः ॥१६॥

Pūjādiṣvanurāga iti pārāśaryaḥ.//16//

波罗娑罗之子毗耶娑把虔信定义为献身于崇拜活动和类似的活动。

众所周知,毗耶娑(Vyasa)是《吠陀经》与《往世书》(Purana)① 的编撰者。

他的虔信定义强调崇拜和诸如把人的心意集中在神身上一类的活动。

崇拜包括仪式,如鲜花、水果、水、灯、香火等的供奉,也包括精神崇拜以及念诵曼陀罗或唱诵主的圣名。所有这些崇拜都有助于人们把心意集中在神身上。

在进一步说明之前,让我先告诉你在这一点上我的导师是如何教导我的。

有一次,我在马哈拉吉的房间里摆放了一篮

---

① Purana 的字面含义是"古老的",可指印度教十八部《往世书》的任何一部,作者归于毗耶娑。毗耶娑通过叙述神的化身、圣人、国王、虔信者(无论是历史人物还是神话人物)的生平故事阐明和普及了吠陀的灵性真理。

鲜花，他进来问我是否为圣殿准备了一些供奉的鲜花。我回答："没有。"我心想，圣殿里只有一幅画。老师似乎看出了我的心思，他问我："你是否认为圣殿里面只有一幅画？"我紧张地回答道："是的。"他接着问我是否从未做过任何外在的仪式崇拜。我回答说："是的，因为我不相信这些外在形式。"导师并不打算论证礼仪崇拜的有效性并以此来说服我。他只是说："我要求你做做仪式崇拜。"我回答说："遵命。"然后，我就开始做仪式崇拜。才过了三天，我就相信《薄伽梵歌》所教导的真理了：

> 只要人们真正虔信，无论供奉我什么：
> 鲜果或净水，绿叶或鲜花，
> 我都将接受。
> 供品是爱，是心的奉献。

必须承认，我并未怀着任何真正虔信之心而只是机械地去进行崇拜的，然而，我的古鲁和主却以其神秘的方式使我确信：主接受了我的奉献。

然而，我也必须指出，我的导师并未要求他

的每个弟子都去进行仪式崇拜。根据每个弟子的性情,他因材施教,因人而异。

仪式性崇拜对于把一个人的心灵集中在神的身上有很大帮助。如果一个人学会了印度教的种种仪式,他就能从中找到一种切实可行的方式,从而通过虔信而见证神或梵与阿特曼或**自我**是同一的。有句谚语说:"崇拜神而成为神。"这就是人所以要从事外在崇拜活动的根本原理。大多数人都对外在崇拜有所误解,认为它是**二元性**的。事实上,它是**非二元性**的,因为崇拜者不但必须从事仪式活动,还必须致力于冥想他与梵的合一。

确实,你必须向你选择的某个理想神或神的化身的画像或形象供奉鲜花或其他供品。不过,你得首先冥想你与梵的合一,然后把你所选择的理想神冥想为居于你内心圣殿中的阿特曼—梵。这样,神就会从你心中走出来,站在你的面前,你就会把那个图像或形象想象为活生生的神。然后,在你向神供奉鲜花和其他供品时,你会想到在每一件供品中都有同一个神或同一个梵。正如谚语所言:"你崇拜河水充盈的母亲河恒河,母亲河恒河。"在你结束崇拜仪式前,你得做一些念诵，即在心中念诵你的古鲁传授的曼陀罗。根据印度教传统，在古鲁传授曼陀罗之前，人们不得从事任何正式的仪式崇拜。

有一种流行甚广的谬见，即认为正式的仪式崇拜只适合于灵性生活的初学者。诚然，如前所述，正式的仪式崇拜对初学者有很大帮助。但那些体验过至上真理并与梵合一的神人，通常仍然会进行仪式崇拜。商羯罗、罗摩奴阇、室利·柴坦尼亚和室利·罗摩克里希那等，甚至在觉悟之后仍然在从事仪式崇拜。

辨喜的弟子斯瓦米·博答南达（Swami Bodhanada）曾讲述过辨喜生活中的一件事，事情发生时他正好在场。斯瓦米吉端坐在圣殿中的室利·罗摩克里希那的画像前，手托一盘散发着檀香味的鲜花。他要求弟子们与他一起冥想。斯瓦米吉冥想片刻后，托着鲜花盘起身，依次敬拜每个弟子，并在每个弟子的头上放了一朵作为供品的鲜花。敬拜了所有弟子后，他把余下的鲜花全都奉献给了室利·罗摩克里希那的画像。

崇拜也包括精神崇拜。你不必为了崇拜而搜罗鲜花或其他用品，你可以把你所能想到的鲜花或所有物品在想象中奉献给神。

有这样一个故事,一位圣人过去常在其他圣人冥想的时候去拜访他们。有一次,他去拜访的那个圣人刚结束冥想,拜访者告诉他:"啊,你刚才在一家商店里给神买鞋。"那个圣人笑答道:"是啊,没错。"这个故事寓意深刻。倘若你在冥想神的时候受到干扰,你可以通过把这些干扰与神联系起来的方式,把干扰也用来帮助冥想神。有句谚语这样说:"采取任何方式让你的心停留在克里希那中。"

在这节经文中,我们发现,虔信的定义是**献身于崇拜活动和类似的活动**。

类似的活动是指人类侍奉神的活动,它也是一种崇拜活动。

第 17 节

कथादिष्विति गर्गः ॥१७॥
Kathādiṣviti gargaḥ.//17//

圣人迦基把虔信定义献身于聆听和赞美神之名。

室利·柴坦尼亚写过一首赞美神的著名颂歌,

这里引用几句歌词：

> 不停地唱诵神之名和他的荣耀，
> 可以擦亮心灵之镜，
> 熄灭内心猛烈的森林之火，
> 即疯狂肆虐的世俗欲望。

几乎每一种宗教都强调要唱颂赞美神的颂歌。大圣人拉姆帕拉沙德（Ramprasad）完全是通过唱颂他所选择的理想神即神母的颂歌而实现与神合一的，而这些颂歌都是他自己写作的。他的生平很有意思。他曾做过办公室职员，职责是在账本上登录收支情况。但他的账本上却没记任何账目，却写满了他在工作时间内创作的赞美神母的颂歌。有一天老板来查看账本，他不但没有因此而对拉姆帕拉沙德发火，反而对他作为虔信颂歌创作者的才能印象深刻，于是对他说："这样吧，你回家，我将按时给你发薪水，这样你就不用为了谋生而工作了。你就可以安心创作并唱诵这类虔信颂歌了。"

这节经文也涉及对经典、灵性主题之论述以

第3章

及赞美神的颂诗和颂歌之创作的研究和阐释。

在《圣典薄伽瓦谭》中我们读到：

> 导师室利·克里希那多么奇妙，
> 他的行为多么奇妙，
> 即使言说他的圣名，
> 言者与听者都会圣化。

一个求道者在其成长过程中，都会达到这样的时刻：除了神，他再不会谈论任何话题；如果听到任何世俗话题，他都会逃离。

室利·克里希那在《薄伽梵歌》中说：

> 心意和感官已被融入，
> 我是人们谈论的唯一主题。
> 因此他们互相取悦，
> 生活在喜乐和满足状态中。

第18节

आत्मरत्यविरोधेनेति शाण्डिल्यः ॥१८॥
Atmaratyavirodheneti śāṇḍilyaḥ.//18//

圣人桑蒂亚将虔信定义为避免一切杂念，只在阿特曼中获得喜悦。

当一个人的心中产生虔信时，他便自然地从一切杂念中解脱出来，因为他将在思考隐藏在自己内心圣殿中的阿特曼（即内在的神）时发现更大的喜悦。换言之，在桑蒂亚（Sandilya）看来，只有在阿特曼中获得喜悦、满足和平静，才是真正的虔信。

室利·罗摩克里希那曾谈到他在灵修过程中是如何把神冥想为一个覆盖全宇宙的存在－意识－喜乐的海洋的，他又是如何把自己想象为在这个海洋中游泳和潜水的一条鱼的。接着他还指出，随着冥想的加深，人们确实能体验到这个存在－意识－喜乐的海洋。另有一次，室利·罗摩克里希那感到，他就是浸泡在那个存在－意识－喜乐的不可分割的海洋（这个海洋既在他自己之内又在他之外）中的一条船。

根据他个人的体验,室利·罗摩克里希那说:"有时候我感到'你就是我,我就是你',然后我感到'你就是你'——'私我'消失了。"

圣母曾说,当她受到室利·罗摩克里希那的启示后,她觉得自己像一个被水充满的罐,心中满溢着神的喜乐。

第19节

**नारदस्तु तदर्पिताखिलाचारता
तद्विस्मरणे परमव्याकुलतेति (च) ॥१९॥**

*Nāradastu tadarpitākhilācāratā
tadvismaraṇe paramavyākulateti (ca).//19//*

拿拉达把下述情形作为虔信的标志:当一个人把所有思维、所有语言和所有行为都献给神的时候,当哪怕是对神有瞬间的忘记也会使人极度痛苦的时候,爱就开始出现了。

在引用了不同的圣人对虔信做出的定义后,拿拉达通过对所有这些虔信定义的整合而总结出了这样一个定义。简言之,拿拉达强调,虔信就是完全放弃私我。这种放弃私我的理想包括各种类型的灵修。

首先,放弃私我意味着不断地想念神。正如辨喜说的:"不是寻找神,而是**见到神**。"神无所不在。一想起神,你就确信自己实际上就在神的面前。接着你渴望神并向神祈祷,神就会向你显现他自身。室利·罗摩克里希那的弟子斯瓦米·希瓦南达过去经常告诉我们说:"怀着极度痛苦的心,夜以继日地真诚祈祷,你就可以奉献给神了。"

《诗篇》的作者说:"我要晚上,早晨,晌午,哀声悲叹。他也必听我的声音。"(《诗篇》55:17)

圣路加在《路加福音》(18:1)中说:"耶稣设一个比喻,是要人常常祷告……"圣保罗说:"不住地祷告。"(《帖撒罗尼迦前书》5:17)

随着你学会把你自己交付给神,你就会"不住地祷告",也就是说,你把你的所有行为和所有思想都交付给了神。

室利·克里希那在《薄伽梵歌》中说:

> 你把整个心都给我,
> 你爱我并崇拜我,

> 时时刻刻敬拜我,
> 并且只向我鞠躬,
> 你就能找到我:
> 这就是深爱着你的我的承诺。

> 放弃你的一切职责,
> 托庇于我。
> 你不会再有恐惧,
> 我将拯救你于罪和束缚之中。

放弃私我也意味着,哪怕是对神有瞬间的忘记也会使人极度痛苦。

室利·柴坦尼亚祈祷道:

> 啊,我多么渴望有一天,
> 与您瞬间的分离,也将成为千年之离别,
> 啊,高文达!我的心烧毁了欲望,
> 没有你的世界,就是一片无情的空虚。

第20节

अस्त्येवमेवम् ॥२०॥

Astyevamevam.//20//

如此完美的爱的表达方式有很多范例。

拿拉达在描述真爱的本质时，确定无疑地宣称，爱神，就是把你自己完全交付给神，这并非只是理论上的理想，这类神人的范例确实存在。在下一节中，拿拉达引用了布瑞达瓦（Brindavan）的牧羊女及其对克里希那的爱这个范例。有人也许会说，这个例子过于陈旧。但是在所有宗教的信徒中都可以找到许多历史范例，而且这些范例今天仍然存在。在我自己的生活中，在我有限的圈子里，我也在室利·罗摩克里希那若干弟子的身上见证了类似的范例。他们沉浸在这种圣爱的喜乐中，并教导我们唯有祷告才能获得对神的纯粹的爱。

室利·罗摩克里希那过去常对他的弟子说："当你真正渴望神的时候，你就会看见神，随之心中升起知识的太阳。渴望神，并强烈地爱神！……母亲爱孩子，贤妻爱丈夫，守财奴爱钱财，让你对神的爱像这三种爱结合起来那样强

烈——那么你就能看见神。"(《室利·罗摩克里希那福音》)

他还告诉他的弟子们他自己是如何在紧张的修炼期间向神祷告的:"哦,神母,这里有罪恶也有美德,请把二者一并接受,并赐予我对您的纯洁的爱;这里有知识也有无明,我将二者一并放至您脚下,请赐予我对您的纯洁的爱;这里有纯洁也有不洁,请把二者一并接受,并赐予我对您的纯洁的爱;这里有善行也有恶行,我将二者一并放至您脚下,请赐予我对您的纯洁的爱。"(《室利·罗摩克里希那福音》)

拿拉达引用的是下述范例。

第 21 节

यथा व्रजगोपिकानाम् ॥२१॥

Yathā vrajagopikānām.//21//

维罗佳的牧羊女就是一个范例。

这个故事讲述的是室利·克里希那及其与布瑞达瓦(或维罗佳)的牧羊女做神圣游戏的故事。

如前所述,爱在本质上是神圣的,当其转向神时，爱就神圣了。圣爱也可以用许多形式来表达（在后面的一节经文中我们将找到对此的诠释）。在《圣典薄伽瓦谭》中我们发现，爱神室利·克里希那被雅苏达当作她的婴孩来疼爱。对于牧羊少年来说，克里希那是他们的挚友和玩伴，而对于牧羊女来说，克里希那则是她们的恋人和伙伴。

当室利·克里希那吹起他的长笛时，牧羊女们便像飞蛾逐光一般聚集到他的身旁。她们忘记了一切，甚至已意识不到自己的身体。她们受到他的爱的吸引而纷纷跑向他。

在同一经典中我们读到："布瑞达瓦的牧羊女有福了。因为她们的心永远与主合一，所以她们时时刻刻牢记着主，无论她们是在挤奶、搅奶、洗衣，还是在做家务。她们满怀虔诚的爱心唱着赞美主哈瑞（Hari）的颂歌。"

每当听到牧羊女的故事，或想她们对克里希那的强烈的爱，室利·罗摩克里希那通常就会进入三摩地。

室利·罗摩克里希那是这样描述牧羊女的："如同老虎吞噬其他动物，对神强烈的爱和狂热也吞噬贪欲、愤怒和其他激情。牧羊女的虔信是持久、纯粹和坚定的爱的虔信。"

克里希那给所有人带来喜悦,并因自己的存在而喜悦。他化身为许多克里希那与牧羊女们一起跳舞和做游戏。每个牧羊女都感受到室利·克里希那的神圣临在及其圣爱,每个牧羊女都感到自己是最最喜乐的,每个牧羊女对克里希那的爱都是如此的全神贯注以至于她们都感受到自己已与克里希那合而为一,不,她们认为自己已成为克里希那。眼到之处,无不是克里希那。

辨喜写道:

"神与牧羊女之间的神圣游戏,是爱的宗教的巅峰,其中个体已经消失,只存在交流和共享。正是在这个神圣游戏中,室利·克里希那显现并教导说:'放弃一切追随我。'去吧,到布瑞德瓦去做神圣游戏并寻求神的庇护,这样你就会理解何谓虔信。

"啊,这一最为美妙的生命之路,除非一个人变得完全贞洁和纯粹,否则他很难理解布瑞达瓦的美妙游戏寓意和表达的最为美妙的爱;除非一个人为爱疯狂,因爱沉醉,否则他不可能领悟这一最为美妙的爱。谁能设想牧羊女那种剧痛之爱?那是一种极为理想的爱,无欲无求的爱,甚至不在乎天堂的爱,也不在乎今生和来世任何事物的爱。

"记录牧羊女这一美妙的爱的史学家,是生而纯洁且永恒纯洁的苏卡,其父即毗耶娑。只要人心之中还存有私念,那么对神之爱就不可能。

"啊,对人来说,只需得到一个吻!被神亲吻的人,对神的渴望会永远增加,一切烦恼会烟消云散,他会忘记一切,除了神本身和对神的爱……哦,忘记最初对金银财宝名誉地位的爱,忘记对我们这个毫无价值的尘世的爱。只有这样,你才能理解牧羊女之爱,它是如此的神圣,以至若不放弃一切就不能企及;它是如此的圣洁,以至除非灵魂变得完全纯洁否则就不可能想象。那些心中时刻惦记钱、色、名、利之徒,又怎敢评论或解释牧羊女之爱!

"达致欢愉之狂喜和爱之沉醉之时,弟子和导师,教义和经典,甚至敬畏之心、神和天堂,所有这一切都合而为一。其他一切已抛诸脑后,只留下爱的疯狂传递。完全忘记了其他一切,在爱者的眼里,这个世界除了克里希那什么都没有,唯有克里希那,因为所有人的面孔都变成了克里希那，他自己也貌似克里希那，并且他自己的灵魂也染上了克里希那的色彩……那的确是伟大的克里希那。"

第 22 节

तत्रापि न माहात्म्य-ज्ञानविस्मृत्यपवादः ॥२२॥

Tatrāpi na māhātmya-jñāna-vismṛtyapavādaḥ.//22//

尽管牧羊女们把克里希那当作她们的爱人来崇拜，但她们从未忘记他的神性。

在《圣典薄伽瓦谭》中我们读到："克里希那曾试探过牧羊女们对他的虔信，他对她们说：'哦，纯洁的人啊，你们的首要责任在于侍奉丈夫和照看孩子。回家去相夫教子吧，不必到我这里来。因为只要你们冥想我，就能获得解脱。'但牧羊女们回答说：'你这残酷的爱人啊，我们只想侍奉你！你通晓经典真理，你劝告我们去相夫教子。那就这样吧！我们尊奉你的教导。既然你是一切中的一切，你就是一切，那么侍奉你，也就侍奉了他们。'"

这段经文教导的真理是：浇灌树根，树枝也获得滋养；同样，取悦于居于所有人心中的主，也就取悦了一切人。

在同一部经典中我们还读到，牧羊女是这样称呼克里希那的，她们说："你不仅是雅苏达的宝贝，也是一切生命最深处的**自我**。"

如上所述，通过把主当作她们唯一的至爱来爱，牧羊女们实现了她们与克里希那的合一，达到了超越意识的至上境界。

第23节

तद्विहीनं जाराणामिव ॥२३॥
Tadvihinam jārāṇāmiva.//23//

如果她们不具有关于克里希那就是神的知识，那么她们对他的爱就如同情妇对情人那种低劣激情。

第24节

नास्त्येव तस्मिन् तत्सुखसुखित्वम् ॥२४॥
Nāstyeva tasmin tatsukha-sukhitvam.//24//

处于贪欲中的人渴望自己的快乐，他的幸福并不存在于使被爱者也获得幸福的过程中。

爱的本性是神圣，只有当爱指向神，它才能

得以实现。托马斯·厄·肯培（Thomas a Kempis）在《效法基督》一书中，借主之口说："对你的朋友的尊重应该建立在**我**的基础之上，因为无论他是谁，只有因**我**之故他才被爱……没有**我**，友谊就没有力量，没有持续性。不与**我**结合，爱就既不真诚也不纯洁。"

对神的爱与对生命的爱有很大的不同，因为二者的基础不同。情妇对情人的爱不过是肉欲的代名词，其基础是为自己寻欢作乐。在梵语中，它的另一个名称是错觉（*moha*）。

当人处于圣爱中，就完全忘记了身体，完全消除了私心，完全融入了**至爱者**之中。其唯一的目标是取悦**至爱者**。全无自私自利之心，就是这种圣爱的本性。

爱的瑜伽
《拿拉达的虔信经》及其权威阐释

第 4 章
人类生活的最高目标

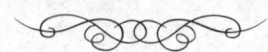

第25节
सा तु कर्म-ज्ञान-योगेभ्योऽप्यधिकतरा ॥२५॥
Sā tu karma-jñāna-yogebhyopyadhikatarā.//25//

爱的瑜伽胜过行动瑜伽、智慧瑜伽和胜王瑜伽。

在这一节和接下来的八节经文中,拿拉达强调,至上的虔信之道,胜过其他三条道路——即通过行动、通过智慧和通过冥想的联结之道。这一说法有可能引起某些误解,因为拿拉达似乎有些片面,似乎更喜欢虔信之道而非其他联结之道。但是仔细考察,我们将发现,拿拉达在这里并非偏爱虔信的**道路**本身,而是就"与梵联结"这一终极目的而言,他偏爱至上虔信的结果。

如前所述,虔信包含两层含义,**认识目标和走向目标的道路**。拿拉达将在后面解释道路——走向目标的修行。

正如我们在本书开篇中介绍的那样,有四条与神联结的道路。它们是:虔信之道、智慧之道、行动之道和冥想之道。但是,这四种瑜伽并非完全分离的。根据《薄伽梵歌》和室利·罗摩克里希那的教导,它们强调的是在个人生活中这四种瑜伽的和谐一致,而不是其中一种瑜伽。换言之,一个人实际上不可能只遵循其中一条道路而完全排除其他道路,只是求道者或许可以更加重视这条或那条道路。

例如,无论求道者遵循哪条道路,都将修行冥想之道,也必须具有分辨之心,还应有所行动。此外,求道者必须关注、渴望或爱一个他所选择的理想神。因此,在每个求道者的现实生活中,就把所有瑜伽结合起来了。

在此背景下,我将再次指出圣爱(虔信)之道的追随者和知识之道的追随者是如何最终达到同一结果的,完美知识与至上之爱是如何得到统一的。

然而,虔信之道的追随者与知识之道的追随者还是有着细微的差别。后者从一开始就冥想他们与梵的合一,而前者的起点则是二元论。

但是,根据我们的分析,尽管知识之道的追随者冥想他们与梵的合一,但这条道路本身,仍然是二元性的,即它有着冥想者与冥想对象这二者。

虔信者从二元论出发,并且一般说来,他不愿意寻求与神合一。他的愿望和渴望是获得神的异象和品尝与神沟通的喜乐。

有一次,我坐在导师马哈拉吉的脚边,一个虔信者前来问他:"马哈拉吉,有一首虔信者们唱的歌唱道:'我想品尝蜜糖的味道,但不想变成蜜糖。'虔信者应该持有这种态度吗?"马哈拉吉回答道:"'我想品尝蜜糖的味道,但不想变成蜜糖',是针对那些还没有品尝过蜜糖味道的人而言的。倘若一个虔信者开始品尝到神的甘甜,他就会渴望达到与神合一。"

当人心之中升起对神的这种至上之爱时,爱、爱者和被爱者就合而为一。这就是关于神性的统一知识。至上之爱与完美知识合而为一。

知识或智慧要求在认知者(冥想者)、认知的对象(梵)与认知的过程这三者之间做出区分。然而,要获得关于神的知识,并不意味着神是客体,认知者是主体。伊曼努尔·康德指出,只要在认知者与认知对象之间存在着哪怕是最小的区别，**物自体**就仍然是未知的。比康德早许多个世纪，商羯罗业已指出，只要认知的主体和客体与认知的过程之间存在即便是最小的区别，神就仍然是未知的。不过他还指出，求道者最终会超越这种二元对峙——他称之为解开三者的死结，达到"合一的意识"①。

梵或神，就是存在－意识－喜乐。但这三者并不是梵的属性。梵就是存在，而存在与意识相同，也与喜乐相同。故存在等同于梵，意识等同于梵，喜乐也等同于梵。就知识之道而言，它强调意识；而虔信之道，则强调喜乐。当求道者到达终点时，意识与喜乐就不再有任何区别。这样，至上之爱与关于神性的统一知识便完全合一。

在《薄伽梵歌》中我们读到，室利·克里希那赋予其朋友及弟子阿周那以天眼，从而使阿周那能够直接体验以宇宙形式出现的神。接着室利·克里希那告诉阿周那："无论是研习吠陀经

---

① 借用商羯罗的话来说："这样，智者到达最高阶段，主体和客体的意识消失，只留下无限的统一意识——并且即便他仍然生活在此世，他会认识到涅槃之喜乐。"

典，或是苦行，或是布施，或是祭祀，都不能使人们如你那样看见我。但是通过一心一意的强烈的虔信，我的形象就可以被完全认识和看见，并进入我之中。"这就是说，至上之爱与神圣意识完全同一。

那么，为什么拿拉达会认为虔信之道胜过其他道路呢？

第26节

फलरूपत्वात् ॥२६॥

Phala-rūpatvāt.//26//

因为虔信是灵性生活的终极目的或目标，其他所有道路都将引导人们去实现这个目的或目标。

前面已经指出，至上之爱与关于神的觉悟知识是相同的。因此，认识到那可以给予关于神性的统一知识的至上之爱，被认为是一切灵修的目的和结果。

室利·克里希那在《薄伽梵歌》中说：

爱我就是认识我，

我最深的本质是,我就是真理。
凭借这一知识,立即进入我之存在。

他所做的一切,
都心悦诚服地奉献给我。
我把恩典赐予他,
他将找到那永恒不变之地。

第 27 节

ईश्वरस्याप्यभिमानद्वेषित्वात् दैन्यप्रियत्वात् च ॥२७॥
Iśvarasyāpyabhimāna-dveṣitvāt dainya-priyatvāt ca.//27//

虔信之所以最为殊胜,还因为神反感自负,喜爱谦卑。

神反感自负意味着,只要我们自负和虚荣,神就仍然隐藏或隐蔽在我们之中。那些获得至上之爱的神人,将超越私我意识。

在一部《奥义书》中我们读到,一个觉悟的人会变得谦卑且不再固执。

我的导师时常反复对我念诵室利·柴坦尼亚

的祷告：

> 像一片草叶那样谦卑，
> 像一棵大树那样耐心和容忍。
> 不以自己而荣耀，
> 要把荣誉归众人，
> 不停唱诵主的圣名。

在圣经《诗篇》中我们读到："眼目高傲，心里骄纵的，我必不容他。"（101:5）《箴言》则写道："凡心里骄傲的，为耶和华所憎恶。"（16:5）

圣彼得说："神阻挡骄傲的人，赐恩谦卑的人。"（《雅各书》4:6）室利·克里希那描述了人的恶魔倾向，他说："自负、傲慢、愚蠢的骄傲……这些恶性创造物充满了自私、虚荣、愤怒……我把他们一次又一次投入低等母体的子宫中，让他们去经受生死轮回。"

然而，这并非意味着这些人永远堕落，或者说神将从他们那里收回恩典。经历无数次生死的苦难，他们最终会具有分辨心并把自己奉献给神。正是"私我"，导致了他们盲目。确实，生命中的幸福与痛苦的体验都是伟大的导师，但痛苦是更好的导师。因为当人身处痛苦的深渊而走投无路时，他就会转向神，并认识到只有神才是他的庇护。

神不会偏袒任何人，也不会从任何人那里收回他的恩典；但正如室利·罗摩克里希那所说的那样，高处积不下雨水。同样，那些"趾高气扬"的骄傲的人，就感受不到神的恩典。

一当我们学会谦卑，就会开始感受到神的恩典。

室利·克里希那曾描述过为了使那些具有恶魔本性的人学会虔信于他，他是如何把他们投入"生死轮回"中的。他的说法并不自相矛盾，因为他在《薄伽梵歌》其他地方这样说：

> 我平等对待一切创造物。
> 不爱任何人，不恨任何人。
> 我的虔信者，恒居我之中；
> 我也显现我，见诸他们中。

第28节

तस्याः ज्ञानमेव साधनमित्येके ॥२८॥

Tasyāḥ jñānameva sādhanamityeke.//28//

有些人认为，知识是达成虔信之手段。

当然，在这里，**知识**并不是指"关于神的觉悟的知识"，因为后者等同于"至上虔信"。这里的知识，指的是认识到我们之所以需要祷告神或虔信神的原因。我们必须要有某些关于我们想要达到的目标的知识，某些关于神的观念和理想的知识，某些关于只有在神中才能实现生命的圆满的知识。在实现涅槃（Nirvana）① 的八正道中，佛陀指出，"正知"是第一步。在《无知之云》一书中，我们读到："未经思考，初学者或行家里手都不能做出美妙的祷告。"

求道者必须避免徒劳的争论，理性能力在灵性生活中占有重要的地位。

---

① 指灵性觉悟或超越意识的状态，以个体或短暂私我消失或融入梵中为其特征。

第 29 节

अन्योन्याश्रयत्वमित्यन्ये ॥२९॥

Anyonyāśrayatvamityanye.//29//

其他人认为，知识与虔信是相辅相成的。

这个观点是非常正确的——借助知识与虔信之双翼，求道者能够飞至灵性的顶峰。倘若爱不与理智和意志相结合，它也许会变成盲目的感情用事；倘若理智没有对神的爱和兴趣的协助，它就将变成枯燥的理智主义。正如我们在《无知之云》中读到的："哪怕是最少的渴望，也能引导一个人成为神的仆人，其原因并非来自无懈可击的辩证推理，而是来自人心的神秘逻辑。"

理智与虔信必须携手并进。首先，我们必须通过理性推理过程而坚信，神——即永恒存在、纯意识和持久的爱及喜乐——就是人类存在的深层**自我**；然后，我们必须对神产生兴趣并去爱神，以便发现纯粹知识与至上之爱，并因此实现我们与神的合一。

第30节

स्वयं फलरूपतेति ब्रह्मकुमारः ॥३०॥

Svayam phalarūpateti brahmakumāraḥ.//30//

拿拉达说，灵性实现是它自身的果实。

至上之爱等同于灵性实现，灵性实现是其自身的果实。拿拉达因此指出，内在神性的显现，并非任何其他原因的结果。任何由其他原因造成的结果必然是某种有限之物，因为因果律只在相对和有限的范围内才起作用。而灵性实现是某种永恒和无限的东西。

或许有人会问：为什么需要灵修？为什么需要吠陀经典、《圣经》或其他灵性教义？它们不也在相对的范围内并受制于因果律？简言之，它们不都处在吠檀多学者所谓的摩耶（maya，幻）①的范围之内？

但是，我们必须记住摩耶有两个方面——明（vidya，真知）与无明（avidya，无知）。明摩耶最终将引导我们超越摩耶，而无明摩耶则会把我们更加牢固地束缚在摩耶和更加无知的状态之中。经典、教义和灵修都属于明摩耶（Vidyamaya），它们能够引导我们脱离摩耶。关于神的觉悟知识或至上之爱并不是这些修行或教义的结果。神已经居于内心，与至上之爱合为一体的纯粹知识（它们等同于神）也已在那里。但居于内心的神被无明所遮蔽。尽管导师和经典对灵修的教导是有限的，但这些教导能消除同样是有限的无明。而无明消除，我们内心的

---

① 吠陀哲学的一个普遍原则，它是精神和物质的基础。在一种意义上，摩耶是梵的力量，它与梵密不可分，正如热与火密不可分一样。梵与摩耶的结合产生了人格神，人格神则创造、维护并毁灭宇宙。而在另一种意义上，作为无明或宇宙幻觉的摩耶，它覆盖在梵之上，使人无法看见梵。结果，人就无法看见那唯一的实在，而把宇宙感受为多种多样的。摩耶具有两个方面：无明与明。无明摩耶使人更世俗和更受束缚，并表现为激情和欲望。明摩耶则引导人去认识梵，并表现为灵性美德。无明与明都处于相对性关系（时间、空间与因果关系）之中，当一个人认识到梵（即绝对者）之时，他就会超越明与无明。

神性就得以显现。

室利·罗摩克里希那曾以肉中之刺为例来说明这个道理。一个人会用另一根刺挑出肉中之刺,随后把两根刺一起丢掉。

吠陀经说,我们必须达到吠陀经不再是吠陀经的阶段。商羯罗说:"无论是吠陀经,抑或是《往世书》,一切经典和一切生命只因阿特曼的存在而存在。那么,它们如何能够显现阿特曼——这个一切事物的显现者?"

第 31—32 节

राजगृहभोजनादिषु तथैव दृष्टत्वात् ॥३१॥
न तेन राजपरितोषः क्षुधाशान्तिर्वा ॥३२॥

Rājagṛha-bhojanādiṣu tathaiva dṛṣṭatvāt.//31//
Na tena rājaparitoṣaḥ kṣudhāśāntirvā.//32//

一个人不可能仅仅因为认识国王和见过王宫就可取悦于国王,也不可能仅仅因为了解食物和看见食物就可果腹。同样,除了爱,一个人不可能因为了解神和认知神就可得到满足。

《圣经》上说,基督的某些门徒虽然经常与他在一起却并不认识他的真实本性,直到基督向他们显现自身。

耶稣对多马(Thomas)说:"你们若认识我,也就认识我的父。从今以后,你们认识他,并且已经看见他。"(《约翰福音》14:7)

腓力(Philips)对耶稣说:"求主将父显给我们看,我们就知足了。"耶稣回答:"我与你们同在这样长久,你还不认识我吗?人看见了我,就是看见了父。你怎么说,将父显给我们看呢?我在父里面,父在我里面,你不信吗?我对你们所说的话,不是凭着自己说的,乃是住在我里面的父作他自己的事。你们当信我,我在父里面,父在我里面。即或不信,也当因我所做的事信我。"(《约翰福音》14:7—11)

我们还记得,耶稣问彼得(Peter):"你爱我吗?"

所以,正是当爱来临之时,神便显现其自己。

神道成肉身化为凡人,这一真理最为重要的启示之一,就是他在他的弟子面前改变自己的形象,正如耶稣所做的那样。根据《马太福音》:"过了六天,耶稣带着彼得,雅各,和雅各的兄弟约翰,暗暗地上了高山。就在他们面前变了形象。

脸面明亮如日头，衣裳洁白如光。"(17:2)

在《薄伽梵歌》第 11 章中，我们发现，室利·克里希那向他的挚爱弟子和朋友阿周那显示了自己作为神的宇宙形象，也向一切热爱他的人显示了它的宇宙形象。

室利·罗摩克里希那也多次在其爱徒面前改变形象。在他去世多年以后，斯瓦米·萨拉答南达曾邀请我的导师去看室利·罗摩克里希那的一尊雕像，并问他是否认可这尊雕像。马哈拉吉马上情绪高涨，他问："但这是大师的哪个形象？"因为他目睹过室利·罗摩克里希那的许多变身形象。他还是个小男孩时，就见过其导师变身为卡利神女并进入三摩地状态。

主可能以不同形象来到我们面前，但我们并不总能认出他来，除非他向我们显现自身且我们深深地爱他。

在这里，我将用我的个人经验来说明这一点。

许多年以前，我们四个贞守生（brahmachari）①到喜马拉雅山区的巴德瑞－拿拉央那（Badri－Narayana）去朝圣。我们四个人中有一个西方人，名叫古鲁达斯·马哈拉吉（Gurudas Maharaj）。当时，祭司们是不允许任何西方人进入印度教神庙的圣殿内的。我们到达时发现，许多朝圣者都坐在神庙的大院内，然后大门就关上了。我们与其他朝圣者一起，也坐在院子的一个角落边上。几分钟后，我看见一个祭司向我招手。我走上前去，他说："叫上你的朋友，跟我来。"他带着我们参观寺庙周围，然后打开一扇门让我们进入最深处的圣殿。当其他朝圣者也试图进入时，他说："不行，现在你们不能进。"并且关上了门。然后我们看见这位祭司站在神像边上。这是我们当时都未料到的情况，因为按常规没有任何祭司会这样做。这位祭司一直面对神像站在那里。见神得

---

① Brahmachari 一词含义有二：(1) 初次发下隐修誓言的求道者；(2) 按照吠陀教义关于人生四阶段之第一阶段的规定而致力于自制节欲和其他宗教实践的个人。

福（darshan）[①] 几分钟后，这位祭司请我们出去，门再次被锁上。

稍后，祭司长就拒不允许我们进入那至圣之所，尽管他安排我们从门外看了看神像。当时其他朝圣者也都未被允许进入，所以我们观看神像时一目了然。祭司长还给我们安排住宿，提供美味的神圣食物。我们作为贵宾在那里待了三天三夜，其间我们熟悉了庙里不多的其他几个祭司，但奇怪的是，我们再也没有见过带我们进入最深圣殿的那位祭司。回来的路上，我们拜访了室利·罗摩克里希那的弟子斯瓦米·图利亚南达，他当时住在喜马拉雅山区的阿尔莫拉（Almora），我们就把这件事情告诉了他。他激动地说："哎呀！你们真傻，竟然没有认出那就是主！是他以那个形象现身并带你们去那圣殿的！"

---

① Darshan 的字面含义为"看见"，"体验"，意为通过礼仪性朝拜向一处圣地或一个圣人表示尊敬，也含有面对神圣感觉得到祝福或净化的意思。

第33节

तस्मात् सैव ग्राह्या मुमुक्षुभिः ॥३३॥

Tasmāt saiva grāhyā mumukṣubhiḥ.//33//

因此，那些渴望超越所有（生、死、再生以及这个相对世界中所有二元对立事物）的限制和束缚的人，都必须把至上之爱当作最高目标。

"唯有神能够填满我们的灵魂。"只有在神之中才有永恒的喜乐。除非我们达到这种统一的意识，否则我们仍将受制于生死以及所有二元对立事物（如苦与乐、善与恶等）的束缚。

当至上之爱出现时，人们就可以在自己心中的圣殿内体验到梵或神，在所有事物中看见同一个实在。

室利·罗摩克里希那曾经对端坐在他面前的弟子说："我看见至上存在罗摩，他以千万种形象坐在我面前。"

在《唱赞奥义书》中我们读到："无限者在下面、上面、后面、前面、右边、左边。这个无限者就是**自我**。这个**自我**（阿特曼）就在下面、上面、后面、前面、右边、左边。我就是所有这一切。认识、冥想并实现关于**自我**之真理的人，会为自我而喜悦，而陶醉，而欢乐。"

商羯罗曾描述过那些获得统一意识的觉悟灵魂的状态，他说："以阿特曼为乐的觉悟的先知，无论正在做什么——坐、卧、行、立，他都生活在自由和喜乐之中。"

这段话描述的是，觉悟的先知，已达到至上之爱，其神性得以完全展开。所以，达到至上之爱必须成为所有人的目标。

爱的瑜伽
《拿拉达的虔信经》及其权威阐释

第 5 章
如何获得至上之爱

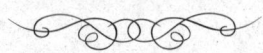

第34节

तस्याः साधनानि गायन्त्याचार्याः ॥३४॥

Tasyāḥ sādhanāni gāyantyācaryāḥ.//34//

以下经文是伟大的导师们以颂诗和颂歌形式表达的获取至上之爱的方式。

我已将梵文 *acharyas*（阿阇梨）①，翻译为伟大的导师。这个词意味深长。谁能做灵性导师？那些直接体验到关于神的真理的人，那些获得至上之爱的人，就是阿阇梨，即真正的导师。他因悲悯同胞而感动，帮助求道者认识同一真理，他的话语中隐藏着力量。而仅靠书本知识是学不到这些的。

借用商羯罗的话来说："博学多才，谈吐清晰，语言丰富，精通经典——这些都能使学问者欣喜，但是无法使人解脱。

---

① 意为灵性导师。有时可将该词添加到一位受人尊敬的宗教导师名字之后，如：Sankaracharya（商羯罗阿阇梨）。

"只要未能体验到梵,研习经典就是徒劳无功的。"

现在的问题是:为什么需要进行灵修?我们已经表明(参见第 30 节经文),至上之爱或梵的体验,并非任何原因的结果,它也不依赖于任何原因。它是一个既成的事实。神性早已存在于每个人的灵魂深处,只是受到无明的遮蔽。正如《约翰福音》所言:"光照在黑暗里,黑暗却不接受光。"(1:5)所以需要通过灵修去除这种黑暗或无明。

关于神恩的教义也以另一种方式强调了这一真理。正如我们在《羯陀奥义书》中读到的那样:"**自我**既不是通过研读经典,也不是凭借精妙的智慧,更不是通过大量的学习而得以认识的。**自我**会通过它欲成就的人而选择他,并确实地向他显示其真实存在。"

但是,**自我**会选择谁呢?它会选择渴望它的人。室利·罗摩克里希那曾说:"修行,按照古鲁的教导进行灵性修行,对神的向往和渴望就会产生。太阳升起黑夜就会消失。为他哭泣,满怀渴望之心向往他,知识的太阳就会升起,黑暗就会消失。"

商羯罗指出:"信仰,虔信,并时时通过祷告与神结合——这些都是神圣经典推崇的求道者获得解脱的直接手段。

"仅仅通过发出'出来吧'这样的呼唤,是不可能发掘出埋藏着的宝藏的。你必须遵循正确的指示,挖掘并移走其上的石块和泥土,然后才能收获宝藏。同样,关于阿特曼的纯粹真理,埋藏于摩耶以及摩耶的结果之下,只有通过冥想、静思和像知梵者这样的人所描述的其他灵修才能获得,而不能通过精妙的论证所获得。"

根据上述引文,人们可能会猜想,我们必须通过自身的努力,才能发现真理。但在事实上,通过践行这些灵修,我们才会感受到神的恩典。任何神秘主义者,无论他有过何种体验或认识,也无论这些体验是出神入迷,或是低层次的三摩地,或是最高的超越意识,都会承认这一点。这种刹那间在意识里闪现的体验,将使人觉悟到它来自超越之物,就好像有一个大磁体把他的心意吸入到那超越正常意识的体验中。这就是对神及其恩典的直接体验。

室利·罗摩克里希那曾告诉他的弟子们:"神的恩典如微风拂面,迎风扬帆吧。"我的导师也常说:"你向神走一步,神就会向你走百步。"

我的导师过去还常说:"一个人在世界上可能要为成功而奋斗,他有可能成功也可能失败。而他即便成功了,那也只是转瞬即逝的事。但是,如果一个人在灵性生活中奋斗,他就绝不会失败,他就能获得那永恒之物。"

拿拉达在定义了目标即至上之爱的本质后,现在,他将阐明人们借以达到目标的各种方式。有许多方式都可以用来达到目标。在以下的经文中,拿拉达总结了阿阇梨(即觉悟的导师)各种不同的教导。为达到目标,人们可以采纳其中一种或多种甚或所有方式。

这些方式可以分成两类——积极方式与消极方式。这两种方式都是必需的,但圣爱之道更强调积极的修持方式。室利·罗摩克里希那说:"你走向光明,黑暗就留在身后。"《圣典薄伽瓦谭》说:"虔信主,把心牢牢地固定在主身上,立即就会产生平静和智慧,得到主的直接启示。"

以下的经文将阐明消极方式。

第35节

तत् तु विषयत्यागात् सङ्गत्यागात् च ॥३५॥

Tat tu viṣayatyāgāt saṅgatyāgāt ca.//35//

要获得至上之爱，人必须弃绝感官快乐的对象以及对这些对象的执着。

感官快乐的对象以及对这些对象的执着的准确含义到底是什么？

室利·罗摩克里希那曾将这些对象称为俗物或物欲，并且他又把俗物或物欲定义为"色欲和贪婪"。

如果一个人要进行灵修，就必须弃绝这些俗物或物欲。

要做到这一点，就必须举起分辨之剑。我的导师常说："分辨事物。为获得永恒的喜乐而放弃短暂的快乐。"

研习基督的话语，我们同样可以发现有关分辨的教导。《马太福音》说："不要为自己积攒财宝在地上，地上有虫子咬，能锈坏，也有贼挖窟窿来偷。只要积攒财宝在天上，天上没有虫子咬，不能锈坏，也没有贼挖窟窿来偷。你的财宝在哪

里,你的心就在哪里。"(6:19—20)

有一次我问斯瓦米·图利亚南达:"什么是宗教?"他答道:"宗教就是让人心口同一。"因此,弃绝色欲和贪婪必须不仅在身体上而且在心理上。

《薄伽梵歌》说:"放弃某些身体行动但仍将心意停留在感官欲望上的人是自欺欺人。这样的人只能被称为伪君子。"

有些心理学家将此称为压抑,并认为这会使事情复杂化。因此他们鼓吹表现,即感官快乐的享受。但这并不是解决问题的办法。事实上,当一个人屈从于肉欲时,他并不能满足自己对享受的渴望——反而会增加渴望。此外,感官只有有限的享受能力。心意不断地产生欲望,但感官却不再有享受的能力了。必须承认,这会导致挫败感以及一系列复杂问题。

室利·克里希那是一位出色的心理学大师,他教导我们不要做"伪君子"。他建议的解决办法是什么呢?"真正值得赞扬的人会通过其意志力来控制感官。他的一切行动都无私欲之目的。一切行动都指向与梵合一的道路。"

倘若一个人不努力自制而任由自己屈从于激

情，那么，要把他的思想引向神就十分困难。他可能会机械地做做祷告，但若他的心意仍停留在感官快乐中，那么他的祷告就毫无意义。室利·罗摩克里希那讲过一个寓言故事："一个农人整日劳作灌溉田地。劳动很长时间以后，他回头看了看，田地仍是干涸的，原来水都漏到鼠穴中去了。"

因此，拿拉达认为，不但要弃绝感官快乐的对象，还不能执着于这些对象。

在下面的经文中，我们将看到积极方式。

第 36 节

अव्यावृत्त भजनात् ॥३६॥

Avyāvṛtta bhajanāt.//36//

（为获得至上之爱）恒常不断地崇拜神。

第 37 节

लोकेऽपि भगवद्गुणश्रवणकीर्तनात् ॥३७॥

Lokepi bhagavadguṇa-śravaṇa-kīrtanāt.//37//

即便在从事生活的日常活动时也要聆听和唱颂主的荣耀。

不断地崇拜神，就是达致目标的积极方式。换言之，将心与灵时时刻刻、持续不断地集中到神身上，就是灵修所要达到的一个阶段。你与神一道行走、饮食和入眠，你在生活中就会一直意识到神的临在。劳伦斯兄弟说："为了认识神，我们必须时常想着他；如果我们爱神，我们也会常常想起他；因为我们的心与我们的珍宝同在。"

室利·克里希那在《薄伽梵歌》中说："一个瑜伽士若多年不断、心无旁骛地冥想我，他就能轻易地见到我，因为他一直专注于我。"

需要进行很多年的修炼，才能达致心无旁骛地念想神的境界。

伟大的瑜伽士帕坦伽利说："怀着极度虔信之心，经过许多年不间断的苦练之后，修行的基础才变得牢固。"

商羯罗则指出了一个伟大真理：假如一个人为了至上目标而诚心诚意地奋斗，那么他就如同悉达（Siddha）①一样优秀。

现在的问题是：我们如何才能达致那个状态，即我们如何才能不间断地使心与灵专注于神？

有各种不同的方法可供采用：冥想求道者所选择的某个神、唱诵主的圣名、进行仪式崇拜、歌颂主、研读经典并冥想其所隐含的意义、侍奉神的虔信者、侍奉人类中的神、把本职工作当作崇拜行为来做——所有这一切，以及自己的导师传授的任何特殊的修行方法，都是引导求道者达成目标的方式。

室利·罗摩克里希那曾用很多实例来说明，求道者即便在履行其他职责时也能够把心意集中在神身上：一位村妇头顶水罐，稳步前行，其心意集中在头顶的水罐上，但与此同时，她还能与其他妇女闲聊；贤惠的妻子等待着丈夫回家，心意集中在丈夫身上，但与此同时她又在煮饭和照料孩子。

而所有思想流派都着重强调，反复念诵神的

---

① 意指：(1) 完美的人。(2) 具有神秘力量的人。(3) 半神人。

圣名并冥想其意义可以帮助我们将心意持续地集中在神身上。

所有吠檀多学者都普遍相信,无论他们属于哪个学派,神的圣名与他们所选择的理想神的名是等同的。

关于神,帕坦伽利说:"表达神的词是唵(Om)①。必须反复念诵这个词并冥想它的意义。这样就可以获得关于原人(*Purusha*)②即阿特曼的知识,并摧毁获得那种知识的障碍。"

关于这一点,《羯陀奥义书》中说:"简洁地说,所有吠陀经所宣称的那个目标隐含在一切苦修中,并且,为了追求这个目标,人们过着自制和奉献的生活。这个目标就是唵。

"唵这个音节就是梵,它确实是至高无上的。它是最有力的支持,最高的象征。认识它的人被尊为知梵者。"

---

① 有时写作 Aum。代表非人格以及人格神的神圣音节,也指逻各斯。唵是无分别的圣言(Word),它使一切得以展现。反复念诵唵并冥想其意义,被规定为一种有效的灵修方式。

② 亦译普鲁舍,数论派哲学假定的两个终极实在之一。原人指自我、绝对的灵、纯意识。它是原质变化的目击者。

《蒙查羯奥义书》则说：" 把虔信崇拜之利箭，搭在《奥义书》这无与伦比的弓上；然后，把心意融入爱中，拉弓射箭，便会命中目标，即不灭的梵。

" 唵是弓，个体存在是箭，梵是目标。内心平静，将命中目标。沉湎于梵，正如箭入目标。"

除了唵这个词以外，还有其他各种神的象征或名字。正如室利·柴坦尼亚在其祈祷文中说的：

> 主啊，你的名各种各样，
> 每个名中都有你的大能，
> 念诵你的圣名，
> 无须设定时间，
> 无须规定礼仪，
> 你的慈悲广阔无边。

神的圣名被称为曼陀罗。根据虔信者选择崇拜的特定的神，就有着各种不同的神的圣名，即各种不同的曼陀罗。导师在被称为 *diksha* 的入道仪式上将曼陀罗传授给弟子。弟子所选择的神的本质便集中在曼陀罗这种语音象征的形式上。这些语音象征表达了圣人和先知最深层的灵性体验。反复念诵曼陀罗并冥想其意义意味着：求道者在唱诵神的圣名的时候，必须试着去感受神在其内心的临在。在入道仪式上，导师会借助曼陀罗传递灵性力量。随着神的圣名被反复念诵，它所包含的灵性力量便向弟子显现。

这里将再次引用室利·柴坦尼亚的祈祷文：

> 圣名啊，在月光下流进莲心之中，
> 开启了关于您的知识之杯。
> 自我啊，沉浸在喜乐的波浪之中，
> 持续不断地唱诵他的圣名，
> 一步一步地品尝他的甜蜜。
> 在他的圣名中沐浴，洗净疲惫者的灵魂。

《旧约圣经》和《新约圣经》都很推崇唱诵神的圣名的灵修：

"你们和我当称耶和华为大，一同高举他的名。"（《诗篇》34:3）"我们应当靠着耶稣，常常以颂赞为祭献给神，这就是那承认主名之人嘴唇的果子。"（《希伯来书》13:15）

"因为凡求告主名的,就必得救。"(《罗马书》10:13)

《约翰福音》这样说:"我实实在在地告诉你们,你们若向父求什么,他必因我的名,赐给你们。向来你们没有奉我的名求什么,如今你们求就必得着,叫你们的喜乐可以满足。"(16:23—24)

东正教认可《主祷文》是一种曼陀罗。有两本引人注目的书籍解释了这种修行方式:《朝圣之路》及其续集《续朝圣之路》。这两本书记录了19世纪一位俄罗斯虔信者的灵性朝圣历程。

"从内心不断地念诵《耶稣祷文》,就是用嘴唇、用心灵不断地呼唤耶稣的圣名;无论在什么时候什么地方从事什么工作,甚至在睡梦之中,都在内心形成神的永恒存在的图像并祈求神的恩典。祈祷词可以这样表达:'主耶稣基督,请怜悯我。'人一旦习惯于这种祈求,就会感觉到一种极大的安慰,并且经常有做祷告的强烈需求,以至于离开了祷告他便不能生活,因此他会继续自动地从内心发出祷告。

"许多所谓的悟道者认为,经常做这种同一的祷告毫无用处，甚至浅薄无聊，可说是头脑简单的人的一种机械的、无思想的活动。但不幸的是，他们不知道这种机械练习的结果所启示的奥秘，他们不明白仅仅是经常地动动嘴皮怎么会于不知不觉中变成心灵的真切诉求并渗入内在生命之中，怎么会变成喜悦，变成灵魂的自然倾向，为之带来光明和滋养，并引导灵魂与神合一。"

辨喜用下述文字，总结了这种恒常不变地不断崇拜神的教义：

"日日夜夜地想念神，尽可能地不思他物。日常必需之思通过神去思。为神而吃，为神而喝，为神而眠，在一切之中见证神。而最为有益的，是向他人谈论神。

"当整个灵魂源源不断地向神涌流而去的时候，就没有时间追名逐利，除了神，就没有时间再想任何东西，此时，那无限的、美妙的爱之喜乐便来到你的心中。一切欲望便都成为玻璃珠子。对神真挚的爱与日俱增，历久弥新——通过感觉就能认识这一点。爱是最简易的灵修。爱无须逻辑，它是自然而然的；也无须证明和证据，因为推理会通过我们自身的心意限制事物。我们撒网，并捕获到某物，然后我们说这就是证明。但是，我们永远永远也不可能用网捕捉到神。"

辨喜本人用他对他的导师室利·罗摩克里希那的爱，为我们树立了一个榜样。室利·罗摩克里希那深深地爱着弟子纳兰①。有一次，也许是为了试探年轻的纳兰，室利·罗摩克里希那有好几个月完全不理睬他。然后有一天，导师问纳兰，为何他明知导师完全不理睬他，他还是持续不断地前来看望导师。纳兰回答说："我来看您，是因为我爱您。"爱，真正的爱，必定是没有动机的。

第38节

मुख्यतस्तु महत्कृपयैव भगवत्कृपालेशाद् वा ॥३८॥

Mukhyatastu mahat-kṛpayaiva bhagavatkṛpā leśāt vā.//38//

圣人的恩典是获得虔信的主要方式。

---

① 辨喜是法号，纳兰是他原来的名字。

第39节

महत् सङ्गस्तु दुर्लभोऽगम्योऽमोघश्च ॥३९॥

Mahat-saṅgastu durlabhogamyomoghasca.//39//

获得圣人的恩典很难,因为很难认出圣人;然而,一旦获得他的恩典,效果便确定无疑。

第40节

लभ्यतेऽपि तत्कृपयैव ॥४०॥

Labhyatepi tatkṛpayaiva//40//

只有通过神的恩典,求道者才能获得圣人的恩典。

如前所述,圣人①就是实现了与梵合一的人,就是神人。《蒙查羯奥义书》说:"知梵者的确会与梵合一。"获得这样的古鲁的恩典,就相当于获得神的恩典。室利·罗摩克里希那曾说:"只有一个古鲁,他就是存在-意识-喜乐,也就是神——他是不朽的存在、纯意识和恒久的爱及喜乐。由于人类的古鲁们已经获得了关于神的觉悟

---

① 即伟大的导师,伟大的灵魂。——译者

知识，他们就好像许多水管，把同一个湖中的湖水倾泻出来。"

《圣典薄伽瓦谭》写道："灵性分辨、德行、献祭、研读、苦修、反复念诵神圣曼陀罗、常去圣地朝圣、行为端庄——所有这些都有助于灵性展开，但最有效的方法是与圣人交往。通过侍奉圣人而与圣人交流，人即能斩断无明和执着之根源。许多人并非通过研习吠陀经典，也非通过苦修，而仅仅通过爱和侍奉神人，就获得了最高的觉悟。"

开启弟子之天眼的人，便是古鲁。他就像一只船，将载着我们越过世俗之海。

在《维夏瓦－萨罗坦特罗》（Vishwa-Sara Tantra）中，有下述对古鲁的颂歌：

> 我向他致敬，完美的古鲁，
> 他沉浸在梵的喜乐中。
> 他将喜乐赠予他人，
> 他挣脱了世俗的束缚，
> 他就是至上智慧之**自我**。
> 他超越了生活的甜蜜和苦痛，

他像空气恶不能侵。
经典时常述及他的本性，
"你就是**那**"之古谚，
被用来称他那不变、纯洁、
永恒和独一无二之本性，
心意带来的所有情绪和动作将见证——
思想如何能获得他？
唇舌如何能言说他？

我们在这一颂歌中发现了圣人的特征。

即便是神的化身，如神的儿子和先知，也必须要有古鲁。尽管神的化身生而便有关于他们与神合一的知识，但他们也会成为古鲁的弟子。克里希那、基督、佛陀和罗摩克里希那都有古鲁。

神的化身会向我们显示向上通往神性之道路，而必需的第一要务是圣人的恩典。

拉尔夫·沃尔多·爱默生（Ralph Waldo Emerson）在《伟人的价值》一文中指出："一个美人毫不费力就能在我们眼中画出她的美貌，一个智者无须费心便能将他的品行传达给他人……与伟人共处，我们的思想和行为方式会变得同样伟大。只要有一个智者,群体中的所有人都会变得有智慧——感染力就有如此之强……伟人会洗净我们的自私之眼。这就是伟人力量的关键——他们的精神会自动散发。"

我们已经引述过辨喜关于古鲁的必要性的话语,但这里值得再次重申:"以那些已经挣脱束缚的圣人为庇护,他的恩典最终能使你获得解脱。"

古鲁的恩典,就是神的恩典,借由它,求道者将获得至上之爱,并与梵合一。

有人说:"人若获得古鲁的恩典,其效果便确定无疑。"在《摩诃涅槃坦特罗》(Mahanivana Tantra)中我们读到:"一旦弟子从古鲁那里接受到启蒙的曼陀罗即神的圣名,他就开始与梵联结。"

无论从历史上或者从传统上我们都可以知道,如克里希那、基督或佛陀等,是如何通过接触罪人而把他们转变为圣人的。以室利·罗摩克里希那为例,我们就知道他是如何把醉汉和娼妓转变为圣人的。我曾蒙福有幸遇见过这样一个圣人,即吉里什·高斯(Girish Ghosh)。当他出现时,你就能感受到神圣。

我们也已见证过神母、辨喜、婆罗门南达、帕罗马南达（Premananda）等人是如何转变罪人的生活而使他们成为圣男圣女的。

古鲁的这种恩典带来的效果是确定无疑的，这一点也由我的导师的谈话而得到证实。马哈拉吉曾对他的一个弟子说："我早已告诉过你在你死后会发生什么事情。（意思是至少在临终那一刻，弟子会意识到神并走向神，摆脱生死轮回的束缚。）但是，如果你在世时想体会到解脱的喜乐，那么你必须奋斗和修行。"

这就有点像你登上一列火车，无论清醒或沉睡，你都能到达目的地。但是，你若保持清醒就可以欣赏到沿途的风景。

另有一次，这同一位弟子要求马哈拉吉允许他独处并苦修。但马哈拉吉知道他的弱点，所以对他说："为什么你必须苦修？我们已经为你做了一切。"马哈拉吉要求这个弟子爱他，并曾在三个场合要求这个弟子只爱他。

爱古鲁就是爱神。心意自动地念想古鲁，也就开始念想思考他所选择的理想神。

如上所述，古鲁将赋予弟子以天眼。当我们

的导师马哈拉吉在场时，我们都觉得意识到神是多么轻而易举。古鲁将使弟子们领悟到这一真理：神就是他自己，神比那最近的还要近，永远显现为内在的主宰（Antaryāmin）①。

现在，会产生一个相关的问题。在圣人的弟子中，总有一些人似乎会误入歧途并为色欲和贪婪所左右。甚至神的化身的弟子中也可见到这样的人。而且还可以见到，有些已经获得天眼的人后来似乎也热衷于追名逐利了。这是如何可能的？

印度人用所谓命业（Prarabdha karma）报论对此问题做出了回答：即作为前世行为带来的后果，这些倾向必须在现世耗尽。这些人不可能彻底忘记他们与前世的联系，不可能完全忘记过去的知识。所以再生之后，会以双倍的力量来控制自己并把自己奉献给神。

室利·罗摩克里希那的一位弟子一度对自己的良知感到困惑，导师告诉他："你拥有古鲁的恩典。为什么还要害怕？拿出勇气来。拥有古鲁恩典之人不可能被物欲之海所吞没，即便海上会掀

---

① 至上之灵或至上自我的别称。

起渴望之风暴,古鲁也会拯救你。"

根据基督教神学家的说法,背叛耶稣的门徒犹大,会失去基督的恩典。但印度教徒的看法却与此相反,他们认为,犹大也能被提升到天堂见到天父,因为他拥有其古鲁即耶稣(神的化身)的恩典。

无论如何,所有这些误入歧途弟子的事例教导我们,我们在生活中要提高警惕并保持警觉。

让我们记住《主祷文》:"不叫我们遇见试探";记住室利·罗摩克里希那的祈祷:"神母啊,不要叫我们被你那令人迷惑的世界的摩耶所迷惑。"

据印度教圣典之一《唱迪》(Chandi)① 的记载,甚至众神也会向神母祈祷:"神母啊,整个世界都被你所迷惑。只有取悦于你,人方可逃脱生死以及其他对立物的痛苦束缚,认识关于神的真理。"

神要让我们遇见的试探是什么?神母那令人迷惑的世界的摩耶又是什么?它就是神通过其力

---

① 赞颂神母的神圣文本。

量（即神母）创造的事物。向外追逐的感官，寻求享受这个被造世界的愉悦，而忘记了神——这个自由和喜乐的源泉，就在我们每个人的心中。

现在我们来看看第 39 节经文的第一部分。**获得圣人的恩典很难，因为很难认出圣人。**

耶稣曾明确指出过为什么很难认出圣人：

"约翰来了，也不吃，也不喝，人就说他是被鬼附着的。人子来了，也吃，也喝，人又说他是贪食好酒的人，是税吏和罪人的朋友。"（《马太福音》11：18—19）

我的导师过去常对我说："有多少人准备好了呢？是啊，很多人来找我们。我们可以向他们提供珍宝，但他们只想要土豆、洋葱和茄子。"

换言之，人只有在口渴时才懂得一杯冷饮的价值。"寻找的，就寻见。"（《马太福音》7：8）

《羯陀奥义书》说："许多人从未听说过**自我**。许多人尽管听说过**自我**，却不能理解它。那些谈论**自我**的人很美妙，那些听说过**自我**的人很智慧，而那些得到良师的教导又能够理解**自我**的人有福了。

"如果接受一个无知者的教导，那就不可能充分理解关于**自我**的真理……**自我**比最精妙者还要精妙，并已超越逻辑。如果接受一位懂得**自我**与梵同一的导师的教导，那么弟子就会抛弃无益的理论而获得真理。"

《马太福音》这样说："他（耶稣）用比喻对他们讲许多道理，说，有一个撒种的出去撒种。撒的时候，有落在路旁的，飞鸟来吃尽了。有落在土浅石头地上的，土既不深，发苗最快；日头出来一晒，就枯干了。有落在荆棘里的。荆棘长起来，把它挤住了。又有落在好土里的，就结实，有一百倍的，有六十倍的，有三十倍的。有耳可听的，就应当听。"（《马太福音》13:3—9）

耶稣还曾这样说："也不要把你们的珍珠丢在猪前。"（《马太福音》7:6）

商羯罗则发自内心地指出："只有通过神的恩典我们才能获得最稀缺的三项利益——人的出生、渴望解脱以及成为觉悟导师的弟子。"

如果一位求道者渴望解脱，渴望获得天眼，那么此田地就适合撒种了，并且他就能获得古鲁的恩典。当一个人真诚而认真地寻求灵性生活时，灵性力量的传递者必将随之而来。

第41节

तस्मिंस्तज्जने भेदाभावात् ॥४१॥

Tasminstajjane bhedābhāvāt.//41//

在神与其虔信者之间没有任何区别。

神以其无限性居于众生之中,这就是说,唯一、无限和绝对的实在——梵——同等地居于众生之中且无处不在。梵语中有句谚语说:"他同等地居于梵天即创造主之中,也居于无生命的对象如柱子之中。"但是,它的显现程度是有差别的。在人类中,他显现得更为明显。因此有人说:"人类的出生是有福的。"既然人类有机会也有能力认识神,所以他们也能达到与神的结合。在所有的人当中,神会最完美地显现在其虔信者当中:因为他们认识神、与神交流并逐渐与神合一。在与神合一之后,虔信者仍然是爱神的人,神是他们至爱的主。而神对每个人都不偏不倚。他爱我们所有人,但他把虔信者看作他自己。只有虔信者才能了解并体验到神那势不可当的爱。

在《圣典薄伽瓦谭》中,神对圣人敞衣仙人(Durvasa)说:"我爱我的虔信者,并且我在我的爱中就是一个顺从的奴隶。既然我的虔信者们愿意为了我而献出一切，并完全服从于我，我如何可能不爱他们？"

室利·罗摩克里希那说："Bhagavat（经典），Bhakta（虔信者），Bhagavan（主），这三者是完全同一的。"他曾见过一次异象：主克里希那的形象发出的一束光照射着他和一部经典——向他表明了这三者是完全同一的。

《蒙查羯奥义书》写道："圣人了解梵，它是所有一切的支撑者，是包含宇宙在它之内的纯粹光辉灿烂的存在。那些完全忘记自己而崇拜圣人的人，跨越了生死界限。"

虔信者们自成一类，不属于任何特定的种姓、种族、国家或任何特定的宗教派别。他们既非印度教徒、基督徒、穆斯林，也非犹太教徒。他们只是神的善男信女——超越了所有种姓或宗教的障碍。因此，获得任何神的虔信者之恩典，相当于获得神之恩典。

第42节

तदेव साध्यतां तदेव साध्यताम् ॥४२॥

Tadeva sādhyatām tadeva sādhyatām.//42//

因此，要寻求圣人的慈悲。

如上所述，如果一个人渴望神并向往神的爱，那么，他就要找到一位能够引导他走上灵性道路并向他指明圣爱之道的古鲁。

因此，对求道者来说，最重要的是通过分辨创造一种对神的渴望。正如商羯罗指出的："哪怕开始只有较小程度或中等程度这种解脱的渴望，借助导师的恩典，通过对弃绝以及如宁静等美德的修行，这种渴望将日益增强，并最终会开花结果。"

爱的瑜伽
《拿拉达的虔信经》及其权威阐释

第 6 章
寻找圣洁的同伴

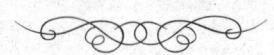

第43节

दुस्सङ्गः सर्वथैव त्याज्यः ॥४३॥
Dussaṅgaḥ sarvathaiva tyājyaḥ//43//

尽一切办法，远离损友。

特别是在灵性生活的初期，应远离损友。室利·罗摩克里希那说："有必要修筑篱笆保护幼苗，以防止其被流浪的动物吞食。当树苗长成参天大树，它就能给周围一切遮风挡雨。"

与损友为伍不仅意味着与追名逐利者交往，也意味着接触本应远离的一切诱惑之物。《奥义书》中有一个祷文说：

> 以耳聆听善事，以眼静观公义，
> 虔信之人啊，身静则心静。

有句俗话说："睁开灵性之眼，见证梵即一切。"

我们发现，对圣人而言，罪人与圣徒之间并

无区别。如果人们把自己完全交付给圣人的仁慈，他们就能提升自己，并相应地成为圣人，哪怕他们可能犯过重罪。

室利·罗摩克里希那说："神居于一切之中，但你不会去拥抱猛虎。"然而，在神人面前，甚至猛虎也会失去其凶残，而温顺如羔羊。

在导师马哈拉吉的生活中，我个人曾见证过一个不可思议的现象。有一天，在马德拉斯，他与我和另一个年轻弟子一起正在散步，突然，在离我们几步之遥处出现了一头疯牛，并且，它正低头向我们猛冲过来。我们已经没有时间躲开了。为了保护马哈拉吉，我的师兄和我快步站在了导师面前。但导师伸手把我们推到身后，并面对疯牛，一动不动地站在那里。然后，这头牛竟然平静下来，左右摇头，让我们走过去了。

第 44 节

काम-क्रोध-मोहस्मृतिभ्रंश बुद्धिनाश-सर्वनाश -कारणत्वात् ॥४४॥

Kāma-krodha-moha-smṛtibhraṁśa buddhināśa sarvanāśa kāraṇatvāt.//44//

之所以要远离损友，是因为交结损友会导致色欲、愤怒、妄想、忘记目标及至最终的毁灭。

第 45 节
तरङ्गायिता अपीमे सङ्गात् समुद्रायन्ते ॥४५॥
Taraṅgāyitā apīme saṅgāt samudrāyante.//45//

此类激情最初表现为微波细浪，但损友将推波助澜使它们变成滔天巨浪。

人生而带有某些业力（samskaras，亦译业习、印记等），即我们前世的行为和思想的印迹，而且我们今生的行为和思想又会创造某些新的印迹。一些印迹为善，另一些印迹为恶。我们都是善恶的混合体。前世和今生的业力犹如种子。如交良友，则给善种以生长的机会，并使恶种处于隐藏休眠的状态。因此，结交善友并远离损友相当重要。

《薄伽梵歌》中有一节诗文写道：

> 思考感官对象，
> 将使你执着于感官对象，

执着增长将使你沉迷，
不让你沉迷你会愤怒，
愤怒之中你心意混乱，
心意混乱便忘记经验教训，
忘记经验则失去分辨，
失去分辨，
你就错失了生活的唯一目标。

在这一点上，引用一下商羯罗的话很有必要："须知迷惘之人走上感官追求的歧路，步步趋近毁灭。而按照其导师所指道路前行的人，导师的确会真诚地祝福他；并因他自己明智的判断，将摘取关于梵的知识的最高果实。

"如果你真正渴望解脱，就应与感官享乐之对象保持距离，避之如毒品；并时时将满足、慈悲、宽恕、正直、平静、自制等美德当作甘露来饮用。"

第 46 节

कस्तरति कस्तरति मायाम्?
यः सङ्गं त्यजति, यो महानुभावं सेवते, निर्ममो
भवति ॥४६॥

*Kastarati kastarati māyām? yaḥ saṅgam tyajati,
yo mahānubhāvam sevate, nirmamo bhavati.//46//*

谁能真正克服摩耶? 放弃一切执着的人,侍奉圣人的人,以及摆脱了关于"我和我的"之意识的人。

摩耶(Maya)是什么? 在这里,摩耶是指隐蔽实在的无明。人的真实本性是神圣的,但由于某些难以理解的力量,如摩耶或无明,把我们内心之中的神性掩盖起来。**自我**,即阿特曼,是与梵同一的。这是我们内心之中不可改变的实在。但是由于无明,**自我**将自己等同于非我——即身体、心意、感觉和感官;并且不能意识到其自身的神性,而将自己认作是有限的、受制的和被束缚的。这一摩耶或无明确实是一个事实。实在与非实在因无明而结合,这一过程在我们的日常生活中普遍可见。商羯罗指出:显而易见且无须证明，非我是对象，而**自我**是主体，它们相互对立，正如光明与黑暗的对立，二者不可能等同起来——更不必提各自的属性了。然而，由于某些难以理解的力量，一个本来是具有喜乐的阿特曼的人，却把非我的本质和属性叠加在他自己身上，从而把实在与非实在混合在了一起，也就理所当然地把他自己等同于身体的精神和肉体的属性和行为。我们常说，"我很胖"或"我累了"，但从没有停下来想想，这里的"我"究竟指的是什么。

更进一步，我们还宣称，某些纯粹是外在的对象或条件是属于我们的。我们常常宣布，"我是民主党人"，或"这栋房子是我的"，我们都或多或少地把我们的私我认同为宇宙中的每一事物。与此同时，内在的**自我**，即居于内心的神，却作为旁观者与情绪或各种古怪行为完全分离。然而，正是内在的**自我**，给予心智以意识之光，从而使那些情绪和行为成为可能，因为没有意识之光，摩耶就不可能存在。于是，这一摩耶也就成为普遍存在的。它既存在于智者那里，也存在于无知者那里。只有当知识出现，即直接体验到阿特曼，这一摩耶才会消失。

第6章

室利·克里希那在《薄伽梵歌》中说：

> 三德造就了我的摩耶，
> 要打破摩耶何其艰难！
> 但唯有向我寻求庇护者，
> 方能超越摩耶。

向神寻求庇护，把自己完全交付给他，这就是超越摩耶的方式。而这种放弃私我的理想，前面已经阐述过。

现在让我们来看看，关于战胜摩耶的方式，拿拉达还说了什么。

放弃一切执着的人。这里的执着指什么？它是指对物欲的执着，室利·罗摩克里希那曾用两个词来定义这一执着："色欲和贪婪。"我的导师曾解释说，修习苦行可以控制激情，约束感官对其对象的追逐。对于求道者而言，这是他们必须要加以奋斗和修行的。

在这一点上，可以引用《薄伽梵歌》的说法。阿周那问："克里希那，你把这种瑜伽描述为一种与梵联结的生活。但心意是如此的波动不定，我不明白这如何能够持久。"

阿周那继续问道：

> 人的心意波动不定，
> 根本无法控制感官：
> 难以驾驭的欲望，
> 枝繁叶茂根深蒂固，
> 世俗的贪欲啊，
> 如何才能驯服它？
> 它真的比风暴更为狂野。

室利·克里希那回答说："是的，阿周那，毫无疑问，心意不定，很难驾驭。但可以通过不断修行和练习平静来控制心意。的确，如果一个人无法控制其私我，那他就很难掌握这种瑜伽。但如果你是一个具有自控能力的人，只要你努力奋斗且方法正确，就能够掌握这种瑜伽。"

圣奥古斯丁曾将此称为"坚定的自律和净化灵魂"。

《唱赞奥义书》写道："食物得到净化，则心变得纯洁。心纯洁，就会时刻想起神。"

如何理解"食物"得到净化？食物不仅意指我们的饮食之物，也指我们通过感官之门所获之物。吃净化的食物十分容易，即身体的净化容易实现。但最重要的事情是获得精神的净化——即心的净化。那些成功实现精神净化的圣人告诉我们，我们不必回避感官对象或脱离此世，但我们必须怀着不执着和不厌恶的心超然游走于感官对象之间。如此，精神的食物便得以净化。

食物得到净化，则心变得纯洁。心纯洁，就会时刻想起神。

时刻想起神，在这里意味着这样一种状态：心意就像源源不断的溪流一样或如"油从一个容器倒向另一个容器"一样奔向神，而不会被任何干扰所打断。

当心意如源源不断的溪流奔向神的时候，求道者就获得了至上之爱，并因此达到与神合一。

基督在"登山宝训"中说："清心的人有福了，因为他们必得见神。"（《马太福音》5:8）

这种净化的标志是，时刻想起神，即对神的至上之爱。

"心意必须时时想起主。"当然，刚开始时很难时刻想起主，但随着每一次做出的新的努力，我们想起主的能力就会越来越强。

虔信者可以通过平稳而自然的方式获得平静。我从世俗之人的日常生活中举一个例子来说明这一点。一个男人爱上了一个女人；不久他被另一个女人吸引并开始爱上后者，于是他就让前一个女人离开他。这个女人便平静地、逐渐地从他心中消失，他不再有需要她的感觉了。

圣方济各·沙肋爵（St. Francis de Sales）在《论神的爱》中说："在一切爱中，我们是如此偏爱神的爱，以至必须时刻从心意上做好准备，为那唯一的爱而放弃所有的爱。"

我的导师常常敦促我们修行再修行。通过内心见证神的修行，我们开始感受到神对我们压倒一切的爱，我们对神的爱也随之而来。"修行，再修行，冥想，再冥想"——我的导师的这些话仍然清晰地回响在我耳边。

按照辨喜的说法："所以，这种对感官愉悦和心智快乐的爱，就会因对神本身的爱而黯然失色并被弃之不顾……爱的瑜伽是关于至上之爱的科学。可以这么说，它向我们展示了如何引导、控制、管理和利用爱，如何为爱设定新目标，并从中获得最崇高和最荣耀的结果，即如何使爱带领我们走向灵性至福。爱的瑜伽不提倡'放弃'；它提倡'爱——爱至高无上者'。一切低级事物自然在他面前消失，其爱的目标是至高无上者。"

我们可以如莲叶一般生活于此世——莲叶生长于水但又出离于水。生活于此世但出离于此世。

侍奉圣人的人。我们已经解释过对灵性导师即古鲁的需要。古鲁的恩典是获得至上之爱的主要方式。

侍奉古鲁对于获得至上之爱和至上智慧非常重要。有一部印度教经典写道："侍奉古鲁的人将获得关于梵的知识并把它收藏在身上，正如只有用铁锹挖渠的人才能获得清泉一样。"古鲁拥有能够使弟子获得解脱的力量。

经典昭示绝妙真理，但若缺乏真理的示范者，真理就不能焕发生机。对求道者来说，侍奉这些真理的示范者是十分必要的。

根据《薄伽梵歌》，求道者必须要做三件事：必须跪拜在古鲁的面前，这表明他必须心里充满着认识神的渴望而谦恭地接近古鲁；接着，他必须向古鲁提出问题，就是说，当古鲁向他传授知识时，他不应当只接受表面的知识而应该试图理解教义，以便消除他心中的一切疑问；最后，他必须亲身侍奉古鲁。

亲身侍奉古鲁，尽管非常重要，但并不一定是指身体方面的侍奉。有一部《奥义书》说："从古鲁口中聆听关于梵的真理，然后用理性去思考，最后按照古鲁的教导去冥想真理。"

因此，侍奉古鲁也意味着遵循他的教导。室利·罗摩克里希那的弟子之一斯瓦米·希瓦南达曾说："你们是认为只有亲身服侍过我的人才是侍奉我的人？那些身处（罗摩克里希那修道会）不同中心甚至身处遥远的不同国家的人们，尽管见不到我，却也通过服务于大师（罗摩克里希那）的事业和进行冥想沉思的修行而侍奉神和我。"

摆脱了关于"我和我的"之意识的人。前面已经解释过，摩耶就是无明。我们的真实本性是神圣、纯洁、自由和觉悟。但摩耶，即无明之黑暗，却遮盖了内在的梵光。

禅宗也教说过类似的真理。在这里，我将引

第6章

用白隐（Hakuin）禅师在《坐禅和赞》中的话：

> 众生本来佛，恰如水与冰。
> 离水则无冰，众生外无佛。
> 对面不相识，却向远方求。
> 譬如水中居，却说渴难耐。
> 本是富家子，沦为穷乞丐。
> 六道轮回因，只缘愚痴暗。
> 漫漫长夜路，何时了生死。

无明之黑暗的头生子便是私我意识，即"我和我的"意识。

室利·罗摩克里希那说："私我消失，一切烦恼便终止。"乌云遮住阳光，云开则日现。私我就像遮挡住阿特曼或梵之光的乌云。通过古鲁的恩典并遵循他的教导，私我消失，关于神的真理得以显现。

圣方济各在《给宗教人士的信》中写道："神要你完全地、毫无保留地和最大限度地剥离和放弃私我。"

梵与个体灵魂之间的区别，是由处于二者之

间的关于"我"的意识造成的。如果你在湖面上放一根木棍,湖水看起来被分成了两个部分,但在实际上,湖水还是一体的。是因为木棍的缘故,使它看起来有两个部分。关于"我"的意识就是那根木棍,它把我们与神分离开来。

到底什么是这种关于"我"的意识?那就是:"我是这个,我是那个。我是聪明的,我拥有很多财富,我伟大并强大。"如何消除这个"我"以及关于"我和我的"之意识?

在这一点上,室利·罗摩克里希那给出了非常实用的教导。

首先,他解释道,只有达致三摩地状态,私我才会完全消失。然后他说:"私我一般会附着于我们。我们可以分辨一千次,但关于'我'的意识一定会一次又一次地返回来。今天你可以砍掉一棵无花果树的树枝,但明天你将看到它又发出了新枝。如果关于'我'的这种意识无法消除,就让它留下做神的仆人。'哦,神!你就是我的主,我是你的仆人!'也可以用这种方式来思考:'我是他的仆人,他的虔信者'。这种类型的'我'就全无害处……怀着极度的渴望祈祷并念诵神的圣名，必定能达到神……如果这种仆人般的态度真诚且完美，那么激情和愤怒就会减弱以至仅在心中留下疤痕。虔信者的这种'我'对任何人都不会造成伤害。这就好像一把宝剑，在触碰到点金石之后，就会转变为金。宝剑保留着原有的形状，但已不能刺砍或伤害任何人了。椰子树的枯叶在风中脱落，在树干上留下痕迹，此痕迹证明曾有树叶长在那里。同样，关于'我'的意识之痕迹留在了已经认识神的人心里，但他的整个本质已经转变成纯真儿童的意识。而儿童关于'我'的意识并不依附于世俗的对象。"

此外，室利·罗摩克里希那还指出："一家之主应该照料他的孩子，同时他也应该把他们看作少年克里希那，或神的儿子。反过来，你也应把你的父亲当作神来侍奉，把你的母亲当作神母来侍奉……如此去侍奉那居于一切存在中的神。"

室利·罗摩克里希那还教导我们作这样的祷告：

我是机器，你是操作者。
我是房屋，你是居住者。

我按你要我说的去说。

我按你要我做的去做。

求道者必须努力把自己从"他是行为者"的观念中解放出来。

第 47 节

यो विविक्तस्थानं सेवते, यो लोकबन्धमुन्मूलयति (यो) निस्त्रैगुण्यो भवति, (यो) योगक्षेमं त्यजति ॥४७॥

Yo vivikta-sthānam sevate, yo lokabandham unmūlayati, (yo) nistraiguṇyo bhavati, (yo) yogakṣemam tyajati.//47//

(谁能真正战胜摩耶?)独居者,切断此世的束缚者、超越三德者以及以神为生者。

《独存奥义书》中有几节文字优美的段落,这里将引用它们作为对上述经文的注释。

"退而独居。以端正的姿势坐于干净之地,头与颈成一直线。再不关心此世。控制住一切感官。虔诚地跪拜在你的古鲁面前。然后进入莲心并冥想梵这个纯粹者和喜乐者的临在。

"那感觉不察、思维不及且形式无限者,就是神。他是一切善的行为者,是永恒的宁静和不朽,是无开始、无中间、无结尾的'一';他无所不在,是无限的智慧和喜乐。

"先知们冥想神,达致一切存在之源并见证一切。他们超越了所有黑暗。神就是梵,是湿婆,是因陀罗,是至上者和不变的实在;它就是毗湿奴,是原初的能量,是永恒,是一切,是它过去所是和将来所是。认识他的人将征服死亡。除他之外别无解脱之道。"

现在让我们分别考察一下上述观念的各个要点。

独居者。

拿拉达曾奉劝所有求道者要与圣人交友,接受圣人的恩典,现在他又说求道者还必须独居。这并非意味着终生独居——那样会有变得以自我为中心的危险。无论是僧侣还是居士,一段时间或偶尔独居都是非常重要和必要的。独居意味着远离世俗干扰,将自己全身心献给神。正如室利·克里希那在《薄伽梵歌》中说的:

把你的所有心思，
转向独居，
抛弃人群的喧嚣，
及其徒劳的骚动。

独居时，会加强你对神的渴望——冥想，唱颂神的圣名，赞美他的荣耀，研读经典并冥思其意义。你必须如此经历一段时间，你对神的爱就会增加。

对于这一点，室利·罗摩克里希那说：

"如果你想要黄油，就必须使牛奶变成凝乳，并把它放在无人可以动它的地方；否则凝乳就无法形成。然后你再搅动凝乳，黄油就会浮在上面。同理，初学者应独自静坐，不为世俗之人打扰；然后通过冥想修行搅动稳定的心意，圣爱的黄油就能做成。若你在独处中把你的心意交给神，你就能获得弃绝尘世和绝对虔信的精神。若你把心意交给尘世，它就会在世俗中成长并惦记色欲和贪婪。

"世界可以比作水，心意比作牛奶。纯奶一旦与水混合，就无法从水中分离出来；但若一开始就将牛奶做成黄油，然后放入水中，黄油则能够分离出来。凭借独居的宗教实践，让你心意的牛奶转变成圣爱的黄油，这样心意就永远不会与世俗之水相混合，就不会依附于尘世并且可以超越于尘世之上。获得真知和虔信，心意就远离尘世。"

切断此世的束缚者。

"当心意的牛奶转变成圣爱的黄油"，它就不会依附于世俗之物。这样的人就从世界的束缚中解脱出来，但这并不意味着他要逃离这个世界；如果他是一家之长，也不意味着他要脱离父母、妻子或孩子们；而是说，他要学会把家庭视为神的家庭，在家庭的每个成员中见到神，并用更大的爱去服侍他们，因为此时他对家庭的爱已变成完全无私的爱。

超越三德者。

在《薄伽梵歌》第14章中可找到对此的最好注解，现在我总结如下：

克里希那告诉他的朋友兼虔信者阿周那，三德（能量的形态）来自原质即原始的性质。这三德是：萨埵、罗阇和答磨。萨埵表现为纯洁、明晰和心静；罗阇表现为不安定、激情及活动；答磨表现为无知和惰性。在进化过程中，萨埵代表要去实现的理想，罗阇代表使实现理想成为可能的力量，答磨则代表罗阇为实现萨埵而必须推动和塑造的惰性物质。三德就如此处于持续的相互作用中，每当其中之一压倒其他二者而占据上风时，人的情绪便随之发生变化。

克里希那指出，这三德都是把人禁锢在身体之内的束缚，使人无法认识到阿特曼才是他的真实本性。答磨是懒惰、愚蠢和怯懦之束缚；罗阇是色欲、贪婪和强迫活动之束缚；甚至萨埵也束缚我们，因为它促使我们去寻找幸福和世俗知识而非觉悟。

因此，克里希那说，智者必须征服三德以挣脱束缚从而获得自由。他可以通过分辨的练习做到这一点。他不必憎恨三德以及由三德引起的情绪；也不必把自己等同于由三德促使他采取的那些行动。他必须提醒自己，是三德而非他本人，才是一切行为的真正行动者。他观察三德，与之保持距离，并与阿特曼合一。他应当用同样的眼光来看待幸福与苦难、赞美与责难、富有与贫穷，绝不让自己陷入兴奋或绝望，他就会感到一无所缺。

克里希那告诉阿周那："如果一个人怀着深深的爱崇拜我，他就可以超越三德。"

以神为生者。

包含在这些经文中的教义是最高的教义。一个人无法于顷刻间就能遵循所有这些教义。他必须奋斗和修炼以使自己越来越多地想到神，当对神的爱开始在心中成长，求道者便能轻易而自然地遵循这些教义。

例如，谁能完全依靠主而生活呢？唯有那些完全把自己交付给主并时时感受到它存在于内心之中的人。

在《薄伽梵歌》中，克里希那告诉其弟子阿周那："但是，要是一个人崇拜我，一心一意冥想我，每时每刻虔信我，我就会带给他所需的一切，保护他所有的一切不受损失。"

有一个与此诗节相关的有趣故事。从前，有一个做祭司的大学者，他在注释《薄伽梵歌》而读到这一诗节时，感到十分困惑。他想，主克里希那怎么能够"带给"虔信者所需的一切呢？于是他得出结论说，"带给"这个措辞是被人篡改过的。所以，他就把"我带给"这个措辞删除并替换为"我提供"。

该学者同时在离家较远的一个村落做祭司。他的每天收入仅能维持其自己和家庭每天的生活。（印度的祭司可以结婚。）就在他删改《薄伽梵歌》的那个措辞的当天，他碰巧前往一个较远的村落做祭祀，结果起了风暴，并肆虐了一天一夜，使他无法回家。整个晚上他都在忧虑，他的妻子和孩子在他第二天回家之前都吃不上饭。然而，就在那天晚上，有个男孩带着一大篮水果和食物来到他家并把这篮东西交给了他的妻子，男孩说："你丈夫明天才能回家，他让我把这个篮子交给你和孩子。不过我得告诉你，你丈夫打发我来之前，抓伤了我的额头。你看，这里还有伤痕呢。"说完，男孩就消失了。第二天丈夫回家时，他还在担心其妻儿忍饥挨饿，于是他连忙道歉说，由于暴风肆虐他没法回家。但他妻子说："啊，你不是让一个男孩给我们带了一篮食物回来？我们美餐了一顿。但是，你是怎么搞的，竟然这样残忍地对待那个男孩？你把他的额头抓伤了，额头上还有血迹呢。"此时，祭司好像突然被什么东西击中：一定是主本人带给他们以所需之物。于是，在其《薄伽梵歌》的注释本上，他改回了"我带给"这个措辞，并将之重复了三次——我带给，我带给，我带给。

第 48 节

यः कर्मफलं त्यजति,
कर्माणि संन्यस्यति ततो निर्द्वन्द्वो भवति ॥४८॥
Yaḥ karmaphalam tyajati, karmāṇi sannyasyati tato nirdvandvo bhavati.//48//

（谁能真正超越这一摩耶？）放弃行动结果者，弃绝一切自私行为者以及超越二元对立者。

前面已经提到过业报律，即因果律，它不仅在物质世界起作用，而且也适用于道德和精神世界。根据业报律，倘若我为你做了善事，或我对你充满爱心，那么我会得到报答；至于是不是你本人给予我的报答并不重要。只要我行善，我就能得到善的回报。如果我作恶，我就会得到恶报。我们的幸福和痛苦都是由我们自身的行为和思想所导致的，这就是业报律。

只要受制于这个业报律，那么人就不能获得自由或圆满。因为根据我们行动和思想的性质，任何行动或思想不仅会导致幸福或痛苦，而且会在我们的心意和秉性上留下印迹，从而使我们仍然受制于生死轮回。

要从业报律中获得解脱，并不意味着我们必须放弃行动或停止思考。是什么导致我们受业报律的束缚？原因就在于，我们执着于行动和行动的结果。因此拿拉达教导我们，要放弃行动的结果，弃绝一切自私的行为。

在《薄伽梵歌》中，室利·克里希那道出了其中的秘密："你有权行动，但只是为行动而行动。你无权获得行动的结果。对行动结果的渴望绝不能成为你行动的动机。但这绝不意味着让人停止行动。

"实施每个行动时，让心专注于至上之主。弃绝对行动结果的执着。

"在把自己交付给主的平静中，你能够把自己从此世的善恶束缚中解脱出来。因此，让自己全身心地投入与梵联结的努力中。先将心与梵联结，而后再行动：这就是不执之行动的秘密。在把自己交付给主的平静中，先知们放弃了其行动的结果，于是获得了觉悟。他们就从再生的束缚中解脱出来，进入超越一切恶行的境界。"

这样，虔信者的全部生活就成为一个绵延不断的仪式，每一个行动都被当作崇拜来履行，而不是为了获取个人的收获和利益。

对很多人而言，不执意味着冷漠、懒惰或宿命论。事实上，不执恰恰是冷漠的对立面。它是一种积极的美德，出自对神的虔信。通过对不执、无私侍奉的修行，虔信者把自己从原因与结果、行为与后果的轮转中解脱出来，获得无限者。

超越二元对立者。

只要我们生活在这个感官世界中，就会体验到热与冷、快乐与痛苦、成功与失败等二元对立。

在《薄伽梵歌》中，室利·克里希那教导说："以平常心平静地接受快乐与痛苦，不为二者所动。唯有这样的人才配得上不朽。

"心平气和地看待成功与失败，这种平常心就是瑜伽的含义。"

但是，关键的问题是，如何在二元对立的生活中获得这种姿态。我的导师教导说:"紧紧抱住神之柱。"(印度的孩子喜欢抱住柱子,在上面旋转,只要抱住柱子,他们就不会跌落。)倘若你能抱住神之柱,那么任何风暴和压力都不能令你心烦意乱。

还有一个重要秘诀是,要从"我是行动者"的意识中解放出来。但是,要从关于"我和我的"或"我是行动者"之意识中解放出来,要达到很高的境界。

然而,你越多地想到神,你就会越爱他,你的私我就越来越少。所以,请抱住神之柱吧。

第 49 节

यो वेदानपि सन्न्यस्यति, केवलमविच्छिन्नानुरागं लभते ॥४९॥

Yo vedānapi sannyasyati, kevalamavicchinna-anurāgam labhate.//49//

(谁能真正超越这一摩耶?)那些甚至放弃了经典规定的仪式和礼仪,并且获得了对神坚定的爱的人。(参见第 12、13、14 节经文)

在心中产生至上之爱之前,我们都需要遵循

经典的教导并进行灵修。正如我们常说的那样，获得至上之爱等同于获得关于神的觉悟知识，这就意味着，这样的人已身处永恒的喜乐意识中，那还有什么必要遵循经典的教导呢？

第 50 节

स तरति स तरति स लोकांस्तारयति ॥५०॥

Sa tarati sa tarati, sa lokānstārayati.//50//

的确，这样的人将超越这一摩耶，并且帮助他人超越摩耶。

在前面三节经文中，已对应予进行的灵修做过某些提示。

现在我们要引用《薄伽梵歌》中室利·克里希那的话来提醒读者，一个求道者必须进行哪些灵修：

> 听我扼要地告诉你，
> 怎样像获得完满那样，
> 达到与梵合一，昆蒂之子啊！
> 这就是智慧的目标。
> 当心灵摆脱虚妄，

就达到与梵合一。
意志坚定,克制感知,
放弃色、声、味,
且无怨无悔;
离群索居,节制饮食,
控制语言、身体和思想,
专心冥想梵之真理,并充满悲悯;
摆脱自傲、暴力和骄横,
消除贪婪、愤怒和占有,
毫不自私,内心平静,
这样的人啊,就将与梵合一。
与梵合一,心意平静,
无悲无求,平等待人:
他就会最最爱我。

如果虔信者遵循这些指导,他就将获得至上之爱,并生活在持久不变的觉悟状态中。觉悟的心就将从摩耶的束缚中获得解脱。只有这样的人才会体验到永恒的喜乐。他将成为一个真正的古鲁,可以帮助他人也从摩耶的束缚中解脱出来。

在已经解释过的第39—42节经文中,拿拉达强调了古鲁的必要性，指出了一个人如何通过古鲁的恩典而从摩耶的束缚中解脱出来。

在这一点上，我还必须指出，这类大彻大悟的人会"净化整个世界"，这是室利·克里希那在《圣典薄伽瓦谭》说的。我的导师也曾对我讲述过他的同门师兄斯瓦米·帕罗马南达的故事："你知道他有多伟大，他散发了多少神圣性？他的目光扫向何方，何方就得以净化。"导师们已离世许多年了，但每当我回忆起室利·罗摩克里希那的这些弟子们时，我都会感到心得到净化，并能够呼吸到神圣。

实际上，觉悟的圣人并不必讲话或说教。思想具有感染力，神圣性也具有感染力。即便圣人闭关于一室，他的生命，他的神圣性，他对神的爱，都将帮助全人类；这种帮助将达于那些敞开心扉准备接收神恩的人，那些渴望灵性成就的人。纯洁和神圣的思想就散发在空气中；基督、克里希那、佛陀、罗摩克里希那以及其他伟大的圣男圣女，尽管不再活在物质的身体中，但却仍在帮助和指导着人类。

爱的瑜伽
《拿拉达的虔信经》及其权威阐释

第 7 章
预备虔信和至上虔信

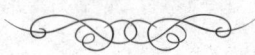

第 51 节

अनिर्वचनीयं प्रेम-स्वरूपम् ॥५१॥

Anirvacanīyam prema-swarūpam.//51//

至上之爱的真实本性不可言传。

第 52 节

मूकास्वादनवत् ॥५२॥

Mūkāsvādanavat.//52//

这就像哑巴想要表达美味的体验一样。

如在评述第 15 节和第 30 节经文所解释的那样，无法用语言来表达在无余三摩地状态中实现的至上之爱的体验。

有一次，室利·罗摩克里希那的弟子要求导师讲述至上体验，导师一张嘴便立即进入三摩地。每次当他试图用语言表达这种体验时，他自己就进入了三摩地，只剩下彻底的寂静。

室利·罗摩克里希那经常说，这就像一个盐

娃娃想要去测量海洋的深度。盐娃娃想要告诉其他人海水有多深,但它一进入海里就融化了。那它怎么可能报告海水的深度呢?

拿拉达则举了一个哑巴的例子:哑巴对美味的体验,无法用语言表达出来。同理,对神至上之爱的体验,也只能在自己内心体会而无法用语言表达出来。

《奥义书》中有一个故事讲道:有个年轻人遵父之命去学习关于梵的知识,第一次回家父亲问他学到了什么,他以美妙的言辞讲述了梵的本质。他的父亲让他回去继续学习。第二次回家父亲问了他相同的问题,这次年轻人沉默了。父亲惊叫道:"为什么,我的孩子,你为什么像知梵者那样脸上闪耀着光芒?你已经体验到它了。它的名字是沉默。"

室利·罗摩克里希那则以蜜蜂为例来说明这个问题。他说,一只蜜蜂要坐在一朵花上之前,一直会发出很大的噪音。一旦它坐在花上并开始采蜜,它就变得沉默。不过有时候,当蜜蜂痛饮花蜜而沉醉时,也会发出甜蜜的嗡嗡声。类似地,当人沉醉在神之爱中并为神心醉神迷时,他们也会以许多方式谈及主,但却永远无法表达他们的内在体验。

第53节

प्रकाशते क्वापि पात्रे ॥५३॥

Prakāśate kvāpi pātre.//53//

（至上之爱虽然不可言传，）然而，它会在获得它的那些圣人身上显现。

确实，圣人获得的这种至上之爱的体验，即关于统一意识的体验，无法用语言来表达，不过，他们作为榜样可以为求道者指明方向。与这些自由的灵魂相伴，求道者能够感受到圣人是如何生活在喜乐意识的状态中，他们的爱又是如何流向众生的。在我自己的导师面前，我们所有弟子都会感受到我们内心涌动的喜悦，他还使我们明白认识神是如何的简单明了：神就像一个用我们自己的手掌握住的水果。他使我们感到神比最近的事物还要近，比最亲的人还要亲。所以，正是这些圣人，能够在沉默中将关于神的真理传达给求道者。

有一幅商羯罗创作的素描画。导师安静地坐在一棵树下，他很年轻；弟子们则围坐在他身边，他们都是老人，也很安静。逐渐地，弟子们的怀疑尽释，真理向他们显现。

之所以导师年轻，是因为关于神的真理常新并恒久；而弟子年老，则是因自古以来迷信和无知一直存在。

第 54 节

गुणरहितं कामनारहितं प्रतिक्षणवर्धमानं
अविच्छिन्नं सूक्ष्मतरं अनुभवरूपम् ॥५४॥

Guṇarahitam kāmanārahitam
pratikṣaṇavardhamānam avicchinnam
sūkṣmataram anubhavarūpam.//54//

至上之爱没有属性，毫无私欲；它每时每刻都在增强，是一种绵延不断的内在体验，比最精妙的事物还要精妙。

至上之爱就是阿特曼或梵的真实本性，也就是说，梵或神就是爱本身——因此不具有属性。当这种爱在一个人的心中升起时，他就实现了他与作为爱本身的神的合一。对普通的人类之爱而言，爱的产生，是因为爱者看中了被爱者的某些属性或品质。但是,在圣爱中,爱无须任何理由,爱就是它自身的结果。

人若获得这种爱,他就找到珍宝中的珍宝,就达到了彻底的圆满。一切私欲此时就像玻璃珠子那样廉价。

圣母莎拉达·兑维时常教导我们要祈祷以使自己无欲无求,这样,我们就能在与神的彻底联结中达到圆满。

不过,圣人还有一种欲望,如果这能够被称为欲望的话。圣人心中充满慈悲,因此他唯一的愿望就是,让一切众生都可以找到这种将带来"出人意料的平安"的爱。

这种至上之爱每时每刻都在增强且历久弥新。我的导师常说:"光,更多的光,更多的光!这有尽头吗?"

有一个关于湿婆的虔信者的有趣传说。在印度,有个人看见在湿婆的神像前有一头公牛的形象。根据传说,这头公牛代表着湿婆的一个忠实虔信者。据说他的爱已增强到这种程度,以至于当他经历如此狂喜的欢乐时,他已无法保持自己的人的形体。于是他变形为一头强壮的公牛,这样他就既能保持住强烈的爱和喜乐，又能使自己保持平静。

是一种绵延不断的内在体验，比最精妙的事物还要精妙。

虔信者会一直沉浸在持续的喜乐和甜蜜之中。有一次，有位年轻的求道者问斯瓦米·图利亚南达："斯瓦米，您不睡觉吗？"他回答道："不是的，我也得睡觉；不过我的睡眠与你不同。"换言之，哪怕在睡眠中，他也会体验到那种内在的喜悦。它比最精妙的事物还要精妙，因为它只能感觉而不能用语言表达。它不可言传和难以名状，因为这种体验是对"存在－意识－喜乐"，即"绝对存在、纯意识和爱本身"的体验。

第55节

तत् प्राप्य तदेवावलोकयति तदेव शृणोति
तदेव भाषयति तदेव चिन्तयति ॥५५॥

Tat prāpya tadevāvalokayati, tadeva śṛṇoti,
tadeva bhāṣayati, tadeva cintayati.//55//

一旦一个人获得这种至上之爱，他随处可见、随处可闻其至爱者，他只是谈论他，只是想起他。

第7章

实际上,他会持续地与他的至爱之主联结,获得天眼,从而使他的眼里只有梵。在这个错杂纷繁的宇宙表象背后,他将看到一个实在。这样的人将对一切生命和创造物一视同仁。

事实上,我们在任何时候都能真实地感知梵,只是名与色的宇宙被叠加在它之上。这个宇宙的确只是梵,但由于我们身处摩耶的符咒之下,我们无法意识到这一点。除非我们的天眼被开启,否则我们用肉眼只能见到物质和物体。拥有天眼的觉悟者,无论何时何地在何种情况下都能见到梵。

他随处可闻其至爱者。

他所听见的任何声音都只能使他想起神的话。室利·罗摩克里希那曾在出神入迷的状态中说:"神母啊,你是字母表中所有字母的声音。你在一切经典中,也在可能听见的不当和不雅的声音中,在所有这一切的声音中。"说着这些话,室利·罗摩克里希那进入了三摩地状态。

觉悟的心会透过善恶的遮蔽而看到其至爱者那唯一的光。

他只是谈论他,只是想起他。

商羯罗说："一个智者怎么可能拒绝体验至上的喜乐而只以外在的形式为乐？当月亮发出其无比美丽的光亮时，谁还会去看那画上的月亮？"

然后，他教导我们如何生活在神之中："对非实在的体验既不能令我们满足，也不能使我们脱离痛苦。因此，到梵的甜蜜喜乐的体验中去寻求满足。把自己献给阿特曼，就会永远幸福地生活。

"高贵的人啊，你应当这样度过一生：处处见到阿特曼，享受阿特曼的喜乐，冥想那独一无二的阿特曼。"

第 56 节

गौणी त्रिधा, गुणभेदाद् आर्तादिभेदाद् वा ॥५६॥

Gauṇī tridhā, guṇabhedād ārtādi-bhedād vā.//56//

预备虔信有三种，根据三德（萨埵、罗阇和答磨）之何德在求道者心中占据主导地位来决定；也可以根据求道者献身于神的原因（是因为厌世，或是寻求知识，或是渴望满足某些物质欲望）来决定。

前面的一些经文已经讨论过至上之爱的本性。

第7章

总之，可以这么说，如果一个虔信者通过古鲁和神的恩典获得了至上之爱，并凭借关于神的知识获得了觉悟，那么他就会超越三德，摆脱私欲。他处处可见其至爱者，并且其内心会连续不断地体验到神的喜乐。

这是一种可以通过灵修体验到的状态。当然，有些特殊的人生来就具有这种至上之爱；他们永远纯洁和自由。神的化身（Avatar），以及那些被称为伊斯瓦罗考提（Isvarakotis）①的人（他们可见于神的化身的弟子中），就生而具有这种知识和虔信。但是，普通人必须通过艰苦奋斗才能获得这种虔信和知识。

如前所述，虔信可以意味着预备虔信和成就。这节经文再次解释道，根据虔信修习者的不同本性和倾向，他们可以被划分为不同的类别。在本书第1节经文中，我已经讨论过神的虔信者的几个不同类别——厌世者，求知者，愿望未了而寻求神的

---

① 那些永远自由和完美的人，他们降生在世是为了人类之善。根据室利·罗摩克里希那的说法，伊斯瓦罗考提具有神的化身的几种特征。

帮助者,以及最后我还提到具有分辨心的智者。室利·克里希那曾描述过智者:他们明了万物皆空,他们为爱本身而爱神。他们属于最高类别的人。室利·克里希那说:"他们就是我的真实**自我**。"这类虔信者最接近于获得至上之爱和觉悟。

在本节经文中,又根据三德(萨埵、罗阇和答磨)之何德占据主导地位,而将虔信者分为不同类别。

萨埵型虔信者把自己献给神,是因为他的唯一理想就在于从世俗的束缚中解脱出来,达到与神联结;他内心的唯一祈祷,就是获得对神的纯粹的爱和知识。

罗阇型虔信者把自己献给神,是为了达到诸如成功、健康、繁荣等物质目的。

与罗阇型虔信者类似,答磨型虔信者也未达到分辨永恒者与非永恒者的阶段。答磨型虔信者具有宗教性(就该词的普通意义而言),换言之,他信奉的是星期日宗教(a Sunday religion)。他定期上教堂,捐钱财,做一点祷告,跟着唱诗班唱颂神的荣耀。然而,他对生活的目标没有明确的定义或理解。

但是,我们必须记住,答磨型虔信者将一步

步走向罗阇型虔信者阶段,并最终到达萨埵型虔信者阶段。

一个人如何开始虔信神并不重要。哪怕是做一点祈祷,想一下神,都能引导我们逐渐走向至上成就。

室利·罗摩克里希那也曾将虔信者分成三类。最高类别的虔信者随处可见神:多样化的宇宙不过是神的众多形式,或神以多种面目的显现。他们在宇宙的创始主即梵天中可见到神,也在一片草叶中可见到神。中间类别的虔信者可在他自己内心的圣殿中见到神,并认识到神即为内心的主宰和见证人。最低类别的虔信者则仰望天空并说:"神在天上。"

第57节

उत्तरस्मादुत्तरस्मात् पूर्वपूर्वा श्रेयाय भवति ॥५७॥

uttarasmāduttarasmāt pūrvapūrvā śreyāya bhavati.//57//

在这些不同类别的虔信者中,第一类别最高,其后依次降低,分别为中间类别和最低类别。

我们必须再一次声明，所有这些虔信者最终都将达到超越之爱或至上之爱。开始把自己献给神吧——无论出于什么原因，这样，你就迈出了走向它的第一步。

爱的瑜伽
《拿拉达的虔信经》及其权威阐释

第 8 章
圣爱的形式

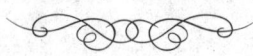

第 58 节

अन्यस्मात् सौलभ्यं भक्तौ ॥५८॥

Anyasmāt saulabhyam bhaktau.//58//

虔信之道是臻达于神之最为简易之道。

虔信之道最简易，因为人人心中皆有爱。有些事物无法描述，但可以被人自己的内心感受和体验到。父母爱孩子，孩子爱父母；有婚姻中的爱；还有朋友之间的爱。无论爱采取何种形式，它的本质都是神圣的。我们感觉到的彼此之间的吸引，实际上是受居于每个人心中的神的吸引，不过我们并未意识到它。因此，虔信之道是每个人最容易遵循之道，只要把爱有意识地引向神即可。圣人帕拉达（Prahlada）有句美妙的祷词："主，愿我获得对您的爱，就如世俗之人对世俗对象的爱那样。"只有当我们把爱转向那唯一的实在，而它的本性就是爱，此时爱就实现了。随着你越来越接近神，你就会开始感受到他的爱，这正如在炎热的夏天当你靠近大海时感受到海上的习习凉风那样。

　　当你开始感受到对神的爱时，你对他的爱就会变得强烈。这样，你就会开始学习全心全意、专心致志地去爱神，并在较低形式的三摩地中获得天眼。最终你将达到最高的三摩地并与神合一。"非我，而是您。旧我已逝，唯有您还在。我就是您。"

第 59 节

प्रमाणान्तरस्यानपेक्षत्वात् स्वयं प्रमाणत्वात् (च) ॥५९॥

Pramāṇāntarasya anapekṣatvāt svayam pramāṇatvāt (ca).//59//

爱就是其自身的证明，而无须其他证明。

第 60 节

शान्तिरूपात् परमानन्दरूपाच्च ॥६०॥

Śāntirūpāt paramānanda rūpācca.//60//

爱的本质就是平静和至上喜乐。

　　人自己的内心可以感受和体验到爱。爱本身就是其自身有效性的证明。

这种圣爱的本质,就是平静和至上喜乐,只有当一个人达致与神合一时才能体验到。人们可以在人类之爱中发现平静和喜悦,但这种爱不能持久。通过虔信神而体验到的平静和喜乐,是持久的和连续的,还会不断增强。

第61节

लोकहानौ चिन्ता न कार्या
निवेदितात्मलोकवेदत्वात् ॥६१॥

Lokahānau cintā na kāryā, nivedita-ātma-loka-vedatvāt.//61//

虔信者不会为任何个人所失而悲伤,因为他已经放弃了自己,放弃了个人所有的一切,甚至放弃了经典规定的仪式和礼仪。

事实上,虔信者不会认为自己拥有这个世界的任何事物。他已把自己完全交付给了神。如拿拉达所解释的那样,放弃自己,是灵性生活的顶点。一切灵性修行都是为了使我们能够把自己交付给神和他的意志。我的唯一保护者是您,主啊。我就是您,我就是您。您就是我,您就是我自己。

这样，虔信者心中充满了对神之爱，他根本就不在乎得与失。

他的心充满了神的喜乐。对他来说，经典规定的仪式和礼仪已再无必要。如室利·罗摩克里希那所说，山迪雅（sandhya，即婆罗门[①]应每日履行三次的祈祷仪式）已融入歌雅特瑞（Gayatri，即婆罗门应每日反复念诵的一种吠陀曼陀罗）[②]。歌雅特瑞以简洁地发出神圣音节"唵"而告结束，"唵"则会融入**沉默**中。

第 62 节

न तत्सिद्धौ लोकव्यवहारो हेयः किन्तु फलत्यागः
तत्साधनं च (कार्यमेव) ॥६२॥

*Na tatsiddhau lokavyavahāro heyaḥ, kintu
phalatyāgaḥ tatsādhanam ca (kāryameva).//62//*

[①] 指婆罗门种姓。根据《薄伽梵歌》的记载，种姓的观念系指由人的业与主导的德（guna）所决定的一种自然秩序。婆罗门种姓包括祭司、学者、哲学家和宗教领袖。

[②] 该词主要有两个含义：(1) 神圣的吠陀曼陀罗（歌雅特瑞曼陀罗）："冥想主神的灿烂光辉，它创造了全世界。让我们把智慧之光指向善良之道。"(2) 歌雅特瑞曼陀罗的主神。

第8章

即便虔信者可以把自己完全交付给神,但他不必弃绝此世的行动,而必须继续行动,并将行动的果实献给神。

让我们以克里希那、佛陀、基督或罗摩克里希那等大师的生活为例。他们已经认识到神,他们已经与神合一。他们的视域已经改变。他们可以看见唯一的神即唯一的喜乐意识之无所不在。但我们发现,他们仍在传教和布道。他们从最高的体验上回落下来,对那些疲惫者、负担沉重者和对神一无所知者充满同情。他们还要为这些仍然处于无明中的人类的利益而传教布道。

正如室利·克里希那在《薄伽梵歌》中说的:"看看我,我不受任何职责束缚。在三界中,已没有我必须做的事,也没有我应得而未得之物。但我仍然在继续行动。如果我不再像过去那样不知疲倦地行动,所有的人都会仿效我,因为我在引领他们。如果我不再行动,就会毁掉他们。"

我的导师马哈拉吉有一次告诉我:"我看见神戴上如此众多的面具——圣人的面具、罪人的面具、诚实人的面具、盗贼的面具——在游戏。那么，我将如何教导别人呢？我会从那一体验回落下来，然后发现你的错误并试图纠正之。"

室利·罗摩克里希那曾说，伟大的觉悟者保留着"知识的私我"以便教导人类。可以这么说，这个私我已经触碰过点金石而变成了金子，不可能再有害处了。

第 63 节

स्त्री-धन-नास्तिक-(वैरि)-चरित्रं न श्रवणीयम् ॥६३॥

Strī-dhana-nāstika (vairi) caritram na śravaṇīyam.//63//

不应倾听有关色欲、贪婪和无神论的谈话。

在这一节以及接下来的三节经文中，拿拉达告诉我们，为获得至上之爱有哪些事是我们必不能做的。前面有一节经文，他已经建议我们要避免与损友交往。在这里，他告诉我们，不但要避免与好色、贪婪、不敬神之徒交往，甚至要避免倾听有关这些内容的谈话。这一教导对于灵性生活的初学者特别有意义。

第64节

अभिमान-दम्भादिकं त्याज्यम् ॥६४॥

Abhimāna-dambhādikam tyājyam.//64//

必须抛弃傲慢、虚荣等类似的恶习。

辨喜将宗教定义为"人心之中早已具有的神圣性之展开"。完美性和神圣性是每个人的真实本性。它潜在地内在于每个人之中,但被无名之锁或障碍关闭起来。这个无明的本质是什么?首先,它把内在的神——绝对存在、纯粹喜乐的意识和持久的爱——隐藏起来。其次,它通过把纯粹的内在神等同于心意、感官、身体等而创造了私我的意识。从这种私我意识中,又产生了对那些给予过我们愉悦的人和物的执着,以及对那些曾把痛苦和折磨加诸我们的人和事的厌恶。室利·克里希那在《薄伽梵歌》中说:"感官的好恶爱憎,全都依附于感官对象;不要受这类感情的控制,因为它们是障碍物。"从这里又产生了依附于这种表面生活的欲望。用基督的话来说:"因为凡要救自己生命的,必丧掉生命。"(《马太福音》16:25)在这种表面生活之后或之下,才是神的永恒生活。

然而,这并不意味着我们不能去爱他人,或者我们必须对尘世的对象持冷漠态度并停止一切世俗活动。

室利·克里希那进一步说:

> 当他克服了贪欲和憎恨,
> 就安然行走于贪欲和憎恨之物之间。
> 服从内心之阿特曼,
> 他平静喜悦。
> 悲伤化为彻底平静,
> 则心意很快就会平静。
> 无法控制心意的人,
> 不知阿特曼之临在,
> 又如何能够冥想?
> 无法冥想,平静安在?
> 无法平静,幸福安在?

以和我为中心不仅导致心意不定且无法控制,而且还产生傲慢、自负和追名逐利。所有这些,都是消除无明的大障碍。

第8章

梵语中有段诗节说:"傲慢如毒酒,荣誉如秽猪,名声最低贱。人啊,避开这三恶,自然得幸福!"

辨喜在印度和西方享有极大的名望并获得过极大的荣誉。马哈拉吉的弟子斯瓦米·安比克南达(Swami Ambikananda)非常熟悉辨喜。他曾写信告诉我说,他曾看见处于出神入迷状态中的辨喜,对其周遭一切毫不在意,在贝鲁尔神庙的院子里来回走动,一遍又一遍唱颂上述诗节。

然而,私我意识并非完全是坏事。如前所述,觉悟的大师为了教导人类会保持着知识的私我。求道者必须拥有私我才能最终超越私我。因此,对求道者而言,其知识的私我会使他去渴望神和爱神。他必须感觉到自己是神的孩子和仆人。简言之,那个使我们与神分离并与他人分离的私我,即那个自负、妒忌和追名逐利的私我,就是"无明的私我"。这个私我必须借助认识神的志向才能加以克服。(参见第 27 节经文)

第65节

तदर्पिताखिलाचारः सन् कामक्रोधाभिमानादिकं
तस्मिन्नेव करणीयम् ॥६५॥

*Tadarpitākhilācāraḥ san kāmakrodhābhi-
mānādikam tasminneva karaṇīyam.//65//*

把一切行动献给神，把如色欲、愤怒、傲慢等一切激情指向神。

在被称为霍玛（homa）的火供①中，梵和萨克蒂（sakti）②即梵的力量，被祈求进入火中。人们献上祭品、念颂祷告，并坚信梵及其力量会出现在火中。仪式结束时，一切行动及其善恶结果都在下面的祷告中献给了神：

"我，是一个有身体的存在，被赋予了智力、

---

① 始于吠陀时代的一种仪式。人们根据经典指导设立火坛，并将供奉物品投入其中。火被认为是所信之神的可见显现。火供是净化内心的仪式，仪式结束时，虔信者便将其所有思想、言辞、行为及其结果作为心灵祭品奉献给了神。

② 指作为宇宙之母亲的神，即人格化的原始能量或梵的力量。她是神性（the Godhead）的动态方面，她创造、维系和消解宇宙；与之相对应，湿婆代表梵（即超越的绝对者，或神性的父亲一面）。

生命及其功能,现在我将所有行动及其结果都献给火中的梵。无论我是在清醒、梦中还是熟睡中,用我的心、口、手或其他器官说过、做过和想过什么——让我把所有这一切都作为祭品献给梵。"

一个求道者应当每天修习在精神上把所有行动及其结果都献给神。这样的修行能净化心灵,使求道者逐渐停止那些会妨碍他见到神的行动。信仰和爱就会在他的心中生长。

我们每个人都有激情。伟大的导师们常常教导求道者要把激情指向神。《圣典薄伽瓦谭》写道:"无论是谁,只要他怀着认同和虔信神的感情,把贪欲、愤怒或其他激情指向神,那么他就能转变为神的存在"。

斯瓦米·图利亚南达还是个少年的时候,有一次,他走到导师室利·罗摩克里希那面前请他帮助自己克服贪欲。室利·罗摩克里希那答复道:"你为什么要克服贪欲?应该增强它。"于是,弟子恍然大悟,增强贪欲意味着贪求神,并把全部身心都献给神。

愤怒同样也可以指向神,"主啊,为什么你不向我显现你自己?你太残忍!我很无助,心已干涸。为什么你不向我显示恩典，赐我对你不变的爱！"或者，愤怒也可以指向那些阻止我们获得虔信的障碍。其时愤怒将会停止，内心达致平静。

为你成为神的孩子和仆人而感到骄傲，这会使你逐渐意识到神，最终这种骄傲又会被磨损掉，你的私我由此融入神中。

因此，当各种激情都指向神时，它们就有助于获得对神的爱。

第 66 节

त्रिरूपभङ्गपूर्वकं नित्यदास्य-नित्यकान्ताभजनात्मकं प्रेम (एव) कार्यं प्रेमैव कार्यम् ॥६६॥

Trirūpa-bhaṅga-pūrvakam nityadāsya-nityakāntābhajanātmakam (vā) prema (eva) kāryam, premaiva kāryam.//66//

超越三种形式的爱，爱主，像其永远的仆人那样爱他，像其永恒的新娘那样爱他。

人们可以借由三种形式的爱，为获得至上之爱做好准备。根据某种观点，这三种形式可划分如下：

（1）一个人因为痛苦或厌世，他可以把自己献给神。

（2）因为有未实现的世俗欲望并祈求其实现，他可以把自己献给神。

（3）因为他是一个知识的寻求者。

然而，只有在超越这三者并具有灵性分辨之后，才能获得至上之爱。

当一个人领悟到他心中唯一永恒的珍宝是神，认识到除了爱神一切皆空之时，他就会把自己献给神。（参见第1节经文）

从另一个角度，这三种形式又可以划分如下：

（1）萨埵型虔信者的爱，（2）罗阇型虔信者的爱，（3）答磨型虔信者的爱。

一个人要获得至上之爱，就需要超越这三德：萨埵、罗阇和答磨。（参见第56节经文）

室利·克里希那在《薄伽梵歌》中描述过一个人可以如何通过超越三德而达到与神的合一。（参见第47节经文）。

语言不足以表达这种至上的、超越的和出神入迷的爱。然而，所有国家的所有宗教的追随者，又不得不利用我们不足的人类语言来表达这种圣爱。实际上，表现为各种不同形式的人类之爱本身，也被圣人们用来比喻和象征这种无法表达的圣爱。我们发现，圣人们经常使用与许多形式的人类之爱相关的词汇来描述他们对神的爱。正如人类之爱有各种不同的形式一样，爱神的人也试图用许多不同的方式来体验这种圣爱。

人与神之间的爱有五种类型。第一种类型是平静的爱（sānta）。它不是火一样的爱，疯狂的爱，或强烈地渴望神。虔信者仍是怀着敬畏之心把神看作全能的主。他对神的态度是，平静、镇定和温和。这只是爱的开始。

第二种是仆人的爱（dāsya）。即虔信者把自己看作是主的仆人、孩子以及主本身。我们发现，在基督教中，大多数虔信者践行的就是这种关系。这是神为父而人类皆为兄弟手足之理想状态。

根据拿拉达的说法，这种关系将逐渐使我们接近神，与神亲密相处，直到神不再被认为是全能的主，是伟大的和荣耀的，而是认为，唯有他是可爱的和甜蜜的，甚至比自己的父亲还值得爱。

在室利·柴坦尼亚的这个祷告中，主被称呼为"甜蜜的人"。

> 在这个世俗的恐怖海洋中将被淹死的人,
> 是你的仆人,哦,甜蜜的人,在你的慈悲中,
> 把他视为你脚下的尘土。

第三种是朋友的爱(sakhya)。"你是我们至爱的朋友。"布瑞德瓦的牧羊少年就是这种关系的例子。克里希那是她们至爱的朋友。她们与他一起游戏和舞蹈。

一个人向他的朋友敞开心扉,他就不会去责备朋友的缺点,而总是想去帮助他。朋友之间是平等的,因此,平等的爱会在虔信者与他的朋友即神之间流进流出。神成为我们的朋友,我们可以向他吐露内心深处的秘密。他被视为我们永远的伙伴。

《约翰福音》说:"你们若遵行我所吩咐的,就是我的朋友了。

"以后我不再称你们为仆人。因仆人不知道主人所做的事。我乃称你们为朋友。因我从我父所听见的。已经都告诉你们了。"(15:14-15)

室利·罗摩克里希那曾在神秘异象中看见,马哈拉吉(即我的导师)是一个牧羊少年,他与

克里希那在盛开的莲花上跳舞。马哈拉吉本人直到生命的最后一刻才知道这一点。在他去世前,他在神秘异象中意识到此并喊道:"啊,梵的喜乐海洋!唵!向至上之梵致敬!唵!向至上之阿特曼致敬!"

在谈到这些神圣体验的时候,他嗓子有点干。弟子给他捧上一杯水并说:"马哈拉吉,请喝水……"

"我的心已不想从梵那里下来了。"马哈拉吉缓缓地说,"把梵倒入梵",然后像一个孩子一样张开嘴,让弟子把水倒了进去。

接着,他转向弟子斯瓦米·萨拉答南达,说:"室利·罗摩克里希那是真实的。他的神圣化身是真实的。"

说完这些,马哈拉吉沉默了一会儿。他深深陷入冥想之中,脸上带着无比甜蜜的表情。在场的人都感到异常兴奋而全无悲伤——只有喜乐和静寂。关于此世和死亡的所有感觉全都消失殆尽。

突然,寂静之中传来马哈拉吉的声音:"啊,那不可名状之光!罗摩克里希那,我的罗摩克里希那的克里希那……我是牧羊少年。给我带上脚环，我要与我的克里希那舞蹈。我要握住他的手——小男孩克里希那……啊，克里希那，我的克里希那，你来了！克里希那，克里希那……你们看不见他吗？你们的眼睛看不见？哦，太美了！我的克里希那——站在莲花上——永恒的——那个甜蜜的人！

"我的游戏现在做完了。看！小男孩克里希那在爱抚我。他叫我跟他走！我来了。"

因此，对马哈拉吉来说，克里希那就是永恒的伙伴和朋友。

第四种类型是父母的爱（vātsalya），即虔信者把神当作他的孩子来爱。怀着这种作为神的父亲和母亲的态度，我们就会失去对神的力量的意识，并失去对他的敬畏、崇拜和顺从等情感，而这些意识和感情使我们与神保持距离。爱神者不再愿意把神视为是全能、荣耀的宇宙之主等。他之所以想去爱神，只是因为神是甜蜜的宝贝。他不需要从神那里寻求宠爱。当然，只有信仰神的化身的人（印度教徒和基督教徒都具有这种信仰），才有可能与神具有这种关系。许多印度教徒把克里希那当作婴儿即戈帕拉（Gopala）来爱；

而基督徒则选择把基督当作圣婴耶稣来爱。

《圣典薄伽瓦谭》记载了婴儿克里希那与其母亲雅苏达（Yasoda）之间的关系："克里希那还是婴儿的时候，有一天，有些男孩看见他正在吃泥土。他母亲雅苏达听到这个消息，就叫婴儿张开嘴巴。克里希那张开小嘴，奇迹中的奇迹出现了！雅苏达看见了整个宇宙——人间、天堂、日月星辰、太阳月亮、不计其数的生命——都在婴儿克里希那的小嘴中。雅苏达一时感到困惑，她在想：'这到底是梦还是幻觉？或就是真实的异象，即我的小宝宝就是神本身的异象？'她很快镇静下来并向爱之主祈祷：

"'您把我们带到这个摩耶世界，让我们感觉和意识到我是雅苏达，南达（Nanda）的王后，克里希那的母亲，愿您永远赐福给我们。'

"看着她的宝贝，她看见他正在笑。于是她把他抱到怀里并亲吻他。雅苏达把他视为自己的小宝贝克里希那——而虔信者们过去和现在都把他当作吠檀多的梵、瑜伽中的宇宙**自我**以及爱神来崇拜他；无论何时她看见他，她的内心就会获得一种无法言表的喜悦和幸福。"

第8章

在印度,古往今来的许多女性,都把自己看作克里希那的母亲。当代的一个突出例子是室利·罗摩克里希那的一个女弟子,即著名的"戈帕勒·玛"("Gopaler Ma")。斯瓦米吉(辨喜)的一个弟子妮维迪塔修女(Sister Nivedita)〔原名玛格利特·诺伯尔(Margaret Noble)〕与戈帕勒·玛关系密切。她曾讲述过戈帕勒见证神显现为戈帕拉的异象的故事,她写道:"戈帕勒母亲年事已高。早在十五年或二十年前,她就已经很老了。一天下午,她从位于恒河畔的卡玛哈蒂(Kamarhati)的小屋,步行去看望住在达克希什希瓦(Dakshineswar)花园的(罗摩克里希那)大师。他接待了她,他们说,他站在门口,似乎在等她。许多年以来,她一直选择戈帕拉即克里希那圣婴(印度教的基督圣婴)作为崇拜对象,当她走近时,她看见了戈帕拉向她显现的异象!这一切对她来说多么真实!在此后的岁月里,她再没有如此问候过室利·罗摩克里希那了,因为后者从那以后就把她看作他的母亲了。而且我知道,她从未谈论过我们的圣母,而只听她说过'我的媳妇'。"

最后一种人类对圣爱的表达方式，是甜蜜的爱（kanta 或 madhura），神就是至爱者（the Beloved）。这种爱建立在这个世界对爱的最高表达方式的基础上，是人类已知的最强烈的爱的纽带。在这种甜蜜的圣爱关系中，神是我们的丈夫，我们都是女性。只有一位男性，那就是他，我们的至爱者。

有一个关于圣女密拉拜（Mirabai）的故事，她把克里希那当作她的丈夫来爱。密拉拜是拉其普特国王的王后，但她抛弃了其夫君和王国，只身前往布瑞德瓦。当时，另一个圣人，即室利·柴坦尼亚的一个弟子，住在布瑞德瓦。密拉拜想去拜访这个圣人。圣人起初拒绝见她，说他不想见任何女人。对此，密拉拜反驳道，除了他至爱的克里希那之外，她不知道还有任何男人住在布瑞德瓦。听到这个说法，圣人便跑了出来会见这位伟大的圣女密拉拜。

牧羊女对克里希那的爱，也是这种甜蜜关系的著名例子。（参见第21、22节经文。）谈到这个例子，斯瓦米吉（辨喜）说："当你的脑中出现疯狂的爱时，当你理解了被赐福的牧羊女时，你就会理解什么是爱。当整个世界全部消失,当所有其他考虑不复存在,当你的内心彻底纯净,甚至放弃了追求真理,那么此时,也只有在此时,你才获得了那种疯狂的爱,即牧羊女所有的那种无限之爱的力量,那种只为爱本身的爱。这才是目标。你若获得了这种爱,你就获得了一切。"

在这一点上,我们必须谨记,尽管性满足带来的愉悦被认为是感觉世界中的至上体验,但它却是渺小的和短暂的。室利·罗摩克里希那告诉我们,把神当作至爱者来爱所带来的喜乐是如此强烈,就像性愉悦给身体的每个毛孔带来的那种感觉,而这种喜乐还是永恒的和无限的。

作为纯洁的化身,室利·罗摩克里希那体验过这种甜蜜关系。每当他想到或提到这一点,他就会立即融入三摩地的喜乐中。

借用《室利·罗摩克里希那福音》中的话来说:"'我就像一个怀有偏见的人那样看待万事万物!我在任何地方都只能看见你。哦,克里希那,谦卑者的朋友!我的灵魂的永恒伴侣啊!高文达啊!'

"当他喊出'我的灵魂的永恒伴侣'和'高文

达'的时候,大师便沉浸在三摩地中。"

世界上还有另一些伟大的神秘主义者,他们也体验过他们与其至爱者的合一。普罗提诺曾说:"我常常从身体的睡眠中醒过来,开始具有一种关于我自己的意识:我从外部世界退了出来,使我自己进入内在的冥想状态。接着我看见奇妙的美景,我相信自己真的属于更高更好的世界,我还要在自己之内开发出一个荣耀的生命,并逐渐与神性合而为一。由此,我获得了如此的生命能量,以至我将超越其他一切事物,包括理智世界的一切事物;这时他除了看见其本身就是纯洁无瑕、全无物质形状且摆脱了一切时空束缚的绝对美景外,还能体验到什么呢?!因此,这就是诸神、神人和幸福之人的生活,他们摆脱了所有世俗忧虑,脱离了一切人类快乐,从孤独者飞向那唯一者。"

在《所罗门之歌》中,我们发现了从"甜蜜"关系的角度描述的圣爱:"愿他用口与我亲嘴,因为你的爱情比酒更美。

"你的膏油馨香。你的名如同倒出来的香膏,所以众童女都爱你。"(《雅歌》1:2—3)

圣十字若望的诗歌《黑夜》曾讲述过一个情

第8章

人是如何被带到其至爱者面前,一个神秘的婚姻又是如何发生的:

>把我如花的酥胸,
>全部给他,不给别人,
>让我之至爱,
>在其上甜蜜休息。

施洗约翰在谈到基督时,他心里是否也感觉有相同的爱恋关系?

"娶新妇的,就是新郎。新郎的朋友站着听见新郎的声音就甚喜乐。故此我这喜乐满足了。"(《约翰福音》3:29)

这就是用人类的词汇和语言表达的圣爱的不同方面。但在现实中,一当对神的爱在心中升起,这爱就势不可当,异常强烈,以至于虔信者会忘掉这个世界,忘掉所有世俗关系。

辨喜说:"我们在世界上看见,并且多少只是与之游戏过的所有不同类型的爱,都以神为唯一的目标。但不幸的是,人类不了解这巨大的爱河不断流入的那个无限的海洋,因此,他们往往愚蠢地试图把爱引向那些小小的人类偶像上。内在于人类本性之中的那种对孩子的巨大的爱,并非是对孩子这一小小的玩偶的爱;如果你盲目地且排外地专门把爱给予孩子,那你最终会遭受苦难。但是,通过这类苦难,你就会觉醒,并由此真正找到内在于你的那种爱。如果这爱只给予人类,那么早晚会给人带来痛苦和悲伤。因此,我们的爱必须给予那永恒不变的至上者,它是那永无潮起潮落的爱的海洋。爱必须走上正道,必须走向神,因为他才是这无限的爱的海洋。百川归海,哪怕从山间滴下来的水珠,在汇入小溪或河流之后也不会停止其流动,而无论河流多么巨大,最终其每一滴水也要流入海洋。神,就是我们所有感情和激情的唯一目标。"

《无知之云》的作者确实说过:

"通过爱,才有可能使他获得神和抱住神,而思想永远不能。"

第 67 节

भक्ता एकान्तिनो मुख्याः ॥६७॥

Bhaktā ekāntino mukhyāḥ.//67//

最高类别的虔信者是那些一心爱神的人，以及只是为爱而爱的人。

室利·克里希那在《圣典薄伽瓦谭》中对弟子乌达瓦说："对于那些只以我为喜乐、拥有自制和平静心并且除我之外不再有任何渴望的人来说，整个宇宙都充满喜乐。对于那些把自己完全交付给我并且只在我这里找到喜乐的虔信者来说，他不再渴望梵天或因陀罗的地位，不再渴望征服全世界或拥有神秘力量，甚至不再渴望得到救赎。"

这的确才是超越的爱。圣经中的伟大诫命也这样说："你要尽心、尽性、尽力爱耶和华你的神。"（《申命记》6:5）

如果一个人与神建立了这种或那种爱的关系，日夜把爱的思念转向神，寻找神，内心之中只是强烈地渴望神，他就会很快找到神的恩典，并认识到神对人类势不可当的爱。这样，他就被认为进入了最高类别的虔信者行列。

神居于所有人的心中。谁才是他的虔信者？那些全身心都居于神之中的人。这样的虔信者不仅可以在自己的心中见到神并意识到他与神的合一，而且他可以在一切人心中见到同一位神，在一切人中侍奉神，认识到神与所有人的合一。"要爱邻舍如同自己"，因为你的邻人**就**是你的自我。

第68节

कण्ठावरोध-रोमाञ्चाश्रुभिः परस्परं लपमानाः
पावयन्ति कुलानि पृथिवीं च ॥६८॥

Kaṇṭhāvarodha romāñcāśrubhiḥ parasparam
lapamānāḥ pāvayanti kulāni pṛthivīm ca.//68//

当虔信者谈论神时，他们声音哽塞，泪水涟涟，在狂喜中毛发直立。这样的人不仅会净化自身的家庭，而且将净化他们出生于其中的地球。

《马太福音》说："因为无论在哪里，有两三个人奉我的名聚会，那里就有我在他们中间。"（18:20）

假如你进入一个黑暗的房间，你的爱人躺在那里。你摸索墙壁、家具、床，你发现自己并未找到他。突然你碰到他的脚和四肢,你知道这就是他。他与你交谈,他拥抱着你。这就是你第一次拥有神的异象。但这远远不够。随着你与神的交谈,你开始感受到你们之间的亲密关系,你的心中升起不可言传的狂喜的爱和喜乐。最后你就意识到与他的合一。但是,为了享受与他的永恒相伴,你得再一次与他分离。你得去寻找神的其他虔信者相伴。

在室利·罗摩克里希那的生活中,他常常看见神和神母的异象,但他也渴望与其他虔信者相伴。所以他常常祈求:"神母啊,等一等。让我享受你的虔信者的陪伴。"

我的导师告诉我,他曾多次看见室利·罗摩克里希那正在与虔信者交谈时进入三摩地,有时是白天,有时在夜晚。在这方面,室利·罗摩克里希那是独一无二的。因为在人的一生中,能够进入最高三摩地一次的虔信者也是极为罕见的。

《薄伽梵歌》记录了虔信者们聚集在一起时体验到的喜悦:

感官与心意合一,

我是他们交谈的唯一主题：
如此他们彼此喜悦，
生活在喜乐和满足之中。
他们要永远虔信并记住神，
其思想的力量将得以开启并指向我。

室利·罗摩（Sri Rama）对他的弟弟拉克什曼（Lakshmana）说："无论你在何地见到有虔信者以我之名在哭泣和舞蹈，你就知道那是我在那里的显现。"这种以神之名的哭泣和舞蹈是由虔信者心中升起的狂喜引起的。室利·柴坦尼亚在祷告中这样说：

啊，我多渴望有一天，
当我唱颂你的名，
泪水从眼中溢出，
喉舌在喜乐中哽咽和结巴，
简直无法向你祈祷，
并在喜悦中浑身毛发直立。

在《苏塔本集》（Sutasamhita）① 中我们读到："整个家庭得到净化，母亲得到祝福，大地也因虔信者的身心沉浸在无边的存在－意识－喜乐之海洋中而变得纯洁。"

虔信者越伟大，其灵性影响的范围就越大。马哈拉吉无论走到哪里，都会在他周围创建一个灵性领域。无论谁走近他，都会得到净化和转变。无论他身处何处，他身边的人都会感受到他们参与了无止境的喜乐庆典。只有这样的伟大的神秘者，才是世界之光。

室利·克里希那在《圣典薄伽瓦谭》中对他的弟子乌达瓦说："爱我的人变得纯洁，他的心在喜悦中融化。通过唤醒其高级情感本性，他上升至具有超越的意识。喜悦之泪从他的眼中滑落，他毛发直立，心在爱中融化。在此状态中的喜乐是如此强烈，以致他忘记了自己和周遭的一切，他时而放声大哭或大笑，时而唱歌或舞蹈；这样的虔信者对整个宇宙都有净化的影响。"

---

① 《斯坎达往世书》中的一章。

第 69 节

तीर्थीकुर्वन्ति तीर्थानि सुकर्मीकुर्वन्ति
कर्माणि सच्छास्त्रीकुर्वन्ति शास्त्राणि ॥६९॥

Tīrthīkurvanti tīrthāni sukarmīkurvanti karmāṇi,
sacchastrīkurvanti śāstrāṇi.//69//

这些伟大的觉悟者，即爱神者，圣化朝圣之地。他们的行为成为善行的榜样。他们赋予经典以灵性权威。

每个国家的圣人出生地都被当作朝圣之地。很多世纪以来，许多求道者通过居住在这些朝圣之地修行从而获得觉悟。然后，其他一些觉悟者又造访这些地方，并进入三摩地状态，获得关于神的出神入迷的体验，由此创造了更加强烈的灵性氛围，令它们更加神圣。我将举几个当代的例子来说明这种情况。

印度南部的马杜拉（Madura）有个著名的供奉神母的神庙。当我的导师马哈拉吉进入圣庙并站在神像前时，他喊道："母亲！母亲！"接着就失去了外在意识。当时与他在一起的斯瓦米·罗摩克里希那南达（Swami Ramakrishnananda），看到导师的状态,急忙伸出胳膊将他扶住以免他跌倒。看见马哈拉吉无意识地站在那里狂喜,在场的祭司和虔信者们都默默地盯着他。强烈的寂静笼罩着挤满朝圣者的神庙,并持续了一个多小时。马哈拉吉恢复正常意识后,他默默地走开了。后来,他讲述了自己见到的光辉明亮的神母形象。

在供奉湿婆的罗摩什瓦(Rameswar)神庙里,马哈拉吉也曾沉浸在三摩地中。即便他恢复正常意识后,仍在一段时间里处于狂喜状态中。

他曾在不同的圣地获得过很多次这种狂喜的体验。

室利·罗摩克里希那的弟子斯瓦米·萨拉达南达曾在罗马造访圣彼得大教堂。他一进教堂,就沉浸在三摩地中。后来他只是说,圣彼得大教堂原先是一个木质结构的建筑,他在异象中见过。

室利·罗摩克里希那的另一位弟子斯瓦米·维羯那南达(Swami Vijnanananda),曾把他的一次灵性体验告诉我。我当时把他的话记了下来。

"我曾去造访鹿野苑。(鹿野苑位于贝拿勒斯附近,是佛陀觉悟后初转法轮的地方。)突然之间我就失去了一切身体意识,我的心意似乎完全消失。我被包围在充满着平静、喜悦和意识的光之海洋中。我感觉自己仿佛居于佛陀之中。我不记得我在这种状态中停留了多久。导游以为我睡着了，直到天色已晚，他才叫醒我，于是我才恢复到正常意识。

"后来我又去造访贝拿勒斯的维什瓦那特（Viswanath，主湿婆）神庙。我心里想：'我为什么来这里？是看那些石像吗？'然后，同样的异象再次出现！维什瓦那特仿佛在告诉我：'这里的光与那里的光是一样的——真理只有一个。'"

也许叙述一下我自己造访布瑞德瓦时的体验比较有趣，尽管此与刚才我提到的那些狂喜的高级体验相比简直不值一提。

我与一个叫作拉丽塔（Lalita）修女的美国弟子一起坐火车去布瑞德瓦。在我们快要到布瑞德瓦火车站的时候，神圣的曼陀罗抓住了我的心和唇，我不能自已，连续唱颂了三天三夜的神圣曼陀罗——所有时间我们都在布瑞德瓦，并且我根本不曾合过眼。我在唱颂曼陀罗的时候，体验到一种过去从未体验过的甜蜜和喜乐。然后，在回来的路上，当我们抵达当初我开始唱颂曼陀罗的那个车站时,圣名也突然离我而去,正如当初它突然来临那样。

我的导师曾说,灵性之流在朝圣之地不断涌动。只要求道者稍作努力,就能轻易获得觉悟。

圣人所居之处具有神圣性,求道者思念神并渴望获得神之爱和异象的地方也具有神圣性。如果一个人只想神圣的思想,过一种纯洁、善良的生活,他不仅会使自己获益,而且有助于他人向善和成圣。神圣性具有感染力。

他们的行为成为善行的榜样。

从所有方面来说,觉悟者都是应予追随的榜样。我们应仿效他们的所有行为。他们是正义的标杆。

有些人也许会认为,因为我们并非他们那样的圣人,所以我们无法追随他们并仿效他们的行为。这就像寓言故事中的小男孩,他站在海边等待沐浴,一直等到海浪退潮,风平浪静。不,我们必须努力追随他们,就算匍匐前进也可以。我们也许会一次又一次跌倒在地,但我们必须一次又一次站立起来,顽强地追随这些伟人的脚步。

他们赋予经典以灵性权威。

经典记录了这些凭借关于神的知识而觉悟的人的体验和教义。只有当其他人追随这些觉悟灵魂的步伐并使自身成为觉悟者时，这些经典才被认为具有权威性。

第 70 节

तन्मयाः ॥७०॥

Tanmayāḥ.//70//

每个这样的虔信者都充满了神的灵。

他们的心意和意志已经与神的心意和意志同一。他们彻底摆脱了造成摩耶（无明）束缚的私我意识。

第 71 节

मोदन्ते पितरो नृत्यन्ति देवताः सनाथा चेयं भूर्भवति ॥७१॥

Modante pitaro, nṛtyanti devatāḥ sanāthā ceyam bhūrbhavati.//71//

当这样的爱神者居于世间时，其祖先喜悦，诸神欢舞，这个世间得到圣化。

我们已经看见，这些圣人给全人类带来如此巨大的福分。他们使过去、现在和将来一代又一代的家庭得以圣化，使自己出生于其中的种族和国家得以圣化，使全世界得以圣化。《圣典薄伽瓦谭》有言："如同给树根浇水，整棵树连同枝叶都得到滋养，因此，取悦于主，一切生命都会喜悦。"人如何才能取悦于主？爱他，爱他，爱他。

第 72 节

नास्ति तेषु जातिविद्यारूपकुलधनक्रियादि भेदः ॥७२॥

Nāsti teṣu jāti-vidyā-rūpa-kula-dhana-kriyādi bhedaḥ.//72//

这类虔信者没有基于种姓、学识、美丑、出生贵贱、财富和资产等的区分。

第 73 节

यतस्तदीयाः ॥७३॥

Yatastadīyāḥ.//73//

因为他们就是神自己。

在当代，室利·罗摩克里希那强调这样一个

真理：神的虔信者没有种姓（等级）或其他任何这类区分。事实上，他们都属于一个种姓。神的虔信者们的身体、心意和感官都同等地得到净化，他们之间还能有什么区分呢？

曾有一个婆罗门就僧侣的种姓问题求教于佛陀，佛陀回答说："你询问的是僧侣的种姓，而不是他们的资格。这确实是由种姓傲慢带来的一个谬见。灵性成就只取决于求道者的灵性资格，而与种姓等其他条件无关。"

爱的瑜伽
《拿拉达的虔信经》及其权威阐释

第 9 章
伦理美德与对神的崇拜

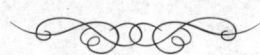

第9章

第 74 节

वादो नावलम्ब्यः ॥७४॥

Vādo nāvalambyah.//74//

应避免争论。

第 75 节

बाहुल्यावकाशत्वाद् अनियतत्वाच्च ॥७५॥

Bāhulya-avakāśatvād aniyatatvāc ca.//75//

因为争论无止境，只能带来不良后果。

争论使你一事无成。那些寻求认识神和渴望着爱神的真正的求道者，不会理会那些无谓的争论。

争论无法最后确立"神是存在的"这一事实。所有国家的神学家和哲学家都相信，他们能够证明神的存在；但同样也有很多人找到一些他们自己十分满意的证据表明，神并不存在。

神存在的唯一证据是人能够体验到神。

无论你试图通过何种论据使他人相信神的存

在，他也不可能完全满意。

你必须产生一种想认识和体验神的渴望，而这种渴望来自于人心底对"俗世生活皆空"的大彻大悟。

《羯陀奥义书》写道："认识**自我**并非通过研习经典，也非通过精妙的智慧或大量的学习，而是通过对神的渴望。只有如此，**自我**方能显现它的真实存在。

"如果他不停止作恶，不控制感官，不保持心意平静，不修习冥想，那么即使通过学习，人也不能认识它。

"起来吧！醒来吧！紧随大师脚步，认识**那**。圣人说，虔信之道如剃刀之利刃——狭窄，难以行走。"

在同一部书中，导师告诉其弟子那吉盖多："你所知晓的觉醒并非来自智慧，而全部来自于智者的教说。亲爱的纳那吉盖多，祝福你，祝福你，因为你追求的是永恒。"

如果你以开放的心态谦恭地走近神人，你就不需要任何论证来说服自己。当你在神人的面前坐下，你就不会再怀疑神的存在了。在他面前，你不仅会感受到神的存在,并且对你来说,达于神是可能的。

我们这些导师眼前的弟子,都可以证明这一真理。

第76节

भक्तिशास्त्राणि मननीयानि तदुद्बोधककर्माणि
करणीयानि ॥७६॥

Bhaktiśāstrāṇi mananīyāni tadudbodhaka karmāṇi karaṇīyāni.//76//

研习虔信经典,冥想并遵循其教导,你的心中就可以强化对神的虔信。

研习经典对于初学者来说是必不可少的。有规律地研习经典,接着试图通过冥想其教义来理解之,然后据此去生活与行动。这样,对神的虔信就会变得强烈。

有一次,我去找室利·罗摩克里希那的弟子斯瓦米·图利亚南达,他是一个伟大的学者和知梵者。我让他给我上《薄伽梵歌》的课。他同意了,让我第二天去找他。他对我说:"我将给你上一堂课,这是第一堂也是最后一堂课。"他接着说:"梵语的《薄伽梵歌》很容易理解。读一节诗文,冥想其意义,然后按照其教导去生活几天,再开始下一个章节的学习。"

我现在才开始明白,这并不是一件几天就能做好的事情。但是,如果你真能读懂《薄伽梵歌》的一节诗文,并按照其教导去生活,你肯定能够在认识神方面获得觉悟。

辨喜真诚地说,如果全世界的经典都消失了,只留下基督的一句话,宗教仍然能存活在世界上。这句话就是:"清心的人有福了,因为他们必得见神。"(《马太福音》5:8)

第77节

सुखदुःखेच्छालाभादित्यक्ते काले
प्रतीक्षमाणे क्षणार्धमपि व्यर्थं न नेयम् ॥७७॥

Sukha-dukha-icchā-lābhādi-tyakte kāle
pratīkṣamāṇe kṣaṇārdhamapi vyartham na
neyam.//77//

对一个虔信者来说,在他从人间苦乐以及欲望和贪婪中解脱之前,理所当然每一刻也不能浪

费，更不能拖延对神的崇拜。

如果你一直等待着先从欲望和二元对立之物中解脱出来，然后再去崇拜或冥想神，那么这样的机会永远不会出现。欲望之波浪会持续地在心中翻腾，但你必须在你生命的每一刻都努力去平息它们，去想念神并向他祈祷。

如果你只是因为不能经常从唱诵圣名或冥想的修行中找到平静或快乐而放弃对它们的修行，那么你永远无法在灵性生活中成长。通过唱诵神的圣名而感受到他的临在，并全身心地致力于记住神，你的心就会逐渐平静，并最终融入神和神的爱之中。

在《薄伽梵歌》中我们读到："在心智的帮助下，耐心地、点点滴滴地做起，人必定能摆脱一切精神干扰。他必须专注于梵，不再思考其他任何事情。无论不安定的心意游荡到哪里，都必须将它收回，并把它完全托付给阿特曼。"

辨喜说："强迫心意总是去想念神，这在开始时非常困难，但随着你每一次做出的新的努力，你想念神的力量就会增长。"

我的导师也说过,如果我们坚持奋斗,我们就不可能失败。

第78节

अहिंसा-सत्य-शौच-दयास्तिक्यादि-चारित्र्याणि
परिपालनीयानि ॥७८॥

Ahimsā-satya-śauca-dayā-āstikyādi-cāritryāṇi paripālanīyāni.//78//

虔信者应当培养不害、真诚、纯洁、慈悲、信仰以及其他此类美德。

不害。不通过话语、思想或行为伤害任何创造物。这也意味着从积极意义上学会爱一切生命。当我们学会在自身之内感受神的临在并在一切存在中感受神的临在时,我们爱一切生命就成为可能。

真诚。不说使人感到痛苦的话。真诚意味着总说善意和有益的话。

室利·罗摩克里希那常常强调这种美德的重要性。他说:"真诚是这个时代的苦修。"

但是,与此同时,我们说话必须谨慎,避免

由于不适当和不必要的坦率而给他人带来痛苦。

纯洁。外在的纯洁是指身体的洁净。这一点很重要。有句俗话说:"洁净近于敬神。"而且这一点很容易做到。

但身体的纯洁也可以指对导师和先知的敬畏态度、坦率和性纯洁。

心灵纯洁更重要。虔信者必须感受到,当他想起神并唱颂圣名时,由于他沉浸在神的临在中而被净化了。正规的修行对于保持这种心灵纯洁是必不可少的。

心灵纯洁还可以指对平静的修习、对他人的同情、对神的冥想以及动机的纯正。商羯罗宣称,心灵纯洁是指人在感官对象中活动时摆脱了对它们依附和憎恶。

慈悲。"己所不欲,勿施于人。"

我导师曾教导过我这个真理:"冥想,冥想,冥想。然后,随着你品尝到内在于你自身之中的神的喜乐,你的心就融化在对他人的同情和慈悲之中。你会感受到他们的苦难是多么的多余,因为他们每个人的心中都有喜乐的宝藏。"

信仰。相信经典和古鲁的话。同时,他需要相信他自己。他必须说:"他人看见过神,我也能看见他。"

以及其他此类美德。

室利·克里希那在《薄伽梵歌》中描述了这些美德:

> 因此我要告诉你,
> 要谦卑,要不害,要正直,要忍耐,
> 真心侍奉导师,保持身心洁净,
> 平静、坚定,控制私我,
> 远离感官事物,绝不妄自尊大;
> 明察人性弱点:困于生老病死。
> 不被任何事物奴役,更不迷恋妻儿家庭;
> 冷静对待痛苦快乐,只是专心崇拜于我。
> ……
> 不停奋斗,只为认识阿特曼,
> 寻求这种知识,明了此举之所以然:
> 此乃真实智慧之根源,
> 唯有无知才否定真知之来源。

第 79 节

सर्वदा सर्वभावेन निश्चिन्तितैः
भगवानेव भजनीयः ॥७९॥

Sarvadā sarvabhāvena niścintitaiḥ bhagavāneva bhajanīyaḥ.//79//

在生活的各个方面夜以继日专心致志地崇拜那神圣的主。

这是通过灵修可以实现的一种状态。在这种状态下，会恒定地想起神——虔信者的爱的思念之流会一心一意、绵绵不绝地流向神。世俗与神圣之间再无区别。"那些在任何行动中都可以看见梵的人将找到梵。"他的全部生活都会献给神，一切行动皆发自他内心对神的虔信。他摆脱了一切担心和烦恼。

第 80 节

स कीर्त्यमानः शीघ्रमेवाविर्भवत्यनुभावयति (च)
भक्तान् ॥८०॥

Sa kīrtyamānaḥ śīghramevāvirbhavaty-anubhāvayati (ca) bhaktān.//80//

只要虔信者如此崇拜主，他很快就会把其自身显现给虔信者之天眼。

这被称为三摩地或超意识。灵性之眼开启，虔信者就会看见内在于他自身和内在于万事万物之中的主。尽管他活在尘世上，但他将生活在神的喜乐中并实现解脱的喜乐。

第81节

त्रिसत्यस्य भक्तिरेव गरीयसी,
भक्तिरेव गरीयसी ॥८१॥

Trisatyasya bhaktireva gariyasi, bhaktireva gariyasi.//81//

爱这个永恒的真理——这确实是最伟大的爱。

第82节

गुणमाहात्म्यासक्ति-रूपासक्ति-पूजासक्ति-स्मरणासक्ति-
दास्यासक्ति-सख्यासक्ति-वात्सल्यासक्ति-कान्तासक्ति-
आत्मनिवेदनासक्ति-तन्मयतासक्ति-परमविरहासक्ति-रूपा
एकधा अपि एकादशधा भवति ॥८२॥

第 9 章

*Guṇamāhātmyāsakti-rūpāsakti-pūjāsakti-
smaraṇāsakti-dāsyāsakti-sakhyāsakti-
vātsalyāsakti-kāntāsakti-ātmanivedanāsakti-
tanmayatāsakti-paramavirahāsakti-rūpā
ekadhāpi ekādaśadhā bhavati.//82//*

这种圣爱以十一种不同形式显示自身：（1）一个虔信者热爱唱颂和赞美主的荣耀。（2）热爱他迷人的美丽。（3）热爱把自己心中的崇拜献给他。（4）热爱时常冥想他的临在。（5）热爱把自己看作他的仆人。（6）把他当作朋友来爱。（7）把他当作孩子来爱。（8）把他当作其至爱者来爱。（9）热爱把自己完全交付给他。（10）热爱完全融入他之中。（11）热爱感受到与神分离的剧痛。

关于爱的最后这种表达式，"感受到与神分离的剧痛"，在那些把神当作其至爱的丈夫来爱的虔信者的生活中很是典型。当感受到与神分离的剧痛时，他们也能感受到与其至爱的丈夫结合时的无比喜悦。

第 83 节

इत्येवं वदन्ति जनजल्पनिर्भयाः एकमताः
कुमार-व्यास-शुक शाण्डिल्य-गर्ग-विष्णु-
कौण्डिन्य-शेषोद्धवारूणि-बलि-हनुमद्-
विभीषणादयो भक्त्याचार्याः ॥८३॥

*Ityevam vadanti janajalpanirbhayāḥ ekamatāḥ
kumāra-vyāsa-śuka-śāṇḍilya-garga-viṣṇu-
kauṇḍinya-śeṣa-uddhava-āruṇi-bali-hanumad-
vibhīṣaṇādayo bhaktyācāryāḥ.//83//*

这些真理被爱的瑜伽的导师们所众口一词地宣称，且一点不害怕公众的批评。以下便是这些可称为爱的瑜伽大师的名单：库玛罗（Kumara，即拿拉达）、毗耶娑、苏卡（Suka）、桑蒂亚（Sandilya）、迦嘎（Garga）、毗湿奴（Vishnu）、考丁亚（Kaundinya）、瑟夏（Sesha）、乌达瓦、阿鲁尼（Aruni）、巴力（Bali）、哈奴曼（Hanuman）、维毗沙那（Vibhishana）以及许多其他导师。

第 84 节

य इदं नारदप्रोक्तं शिवानुशासनं विश्वसिति श्रद्धते,
स भक्तिमान् भवति सः प्रेष्ठं लभते सः
प्रेष्ठं लभते ॥८४॥
॥ ॐ तत् सत् ॥

第9章

Ya idam nāradaproktam śivānuśāsanam viśvasiti śraddhate sa bhaktimān bhavati saḥ preṣṭham labhate saḥ preṣṭham labhate. Om tat sat.//84//

只要相信拿拉达对圣爱的这种吉祥描述，并深信这些教导，任何人都可以成为爱神的人，获得无上至福，实现人生的最高目标。

相信这些教导当然暗示出，这些教导必须付诸实践于每个人自身的生活中。

辨喜曾于1894年7月31日给两位美国虔信者写了一封信，我认为，引用这封信来结束本书的全部注释，是再合适不过的。这是我所知道的关于爱的瑜伽精神最为完美的表达之一："……每天至少看一看那个无限美丽、平静和纯洁的世界——即灵性的世界，并试图日日夜夜生活于其间……让你的灵魂如一根连绵不断的丝线日夜上升直到那至爱者的脚下——他的王座就在你自己的心中，让其他一切——即你的身体及其他一切——自己照顾自己。生命易逝，美梦难留；青春和美丽渐行渐远。日夜念诵：'你是我的父亲，我的母亲，我的丈夫，我的爱，我的主，我的神——我只要你，只要你……你在我中，我在你中……'财富散尽，美貌褪色，生命飞逝，权力消失——但神永在，爱永在。如果维护机器运行良好值得赞颂，那么使灵魂脱离受难的身体更值得赞颂——这是通过置物质于不顾，而证明你是'非物质'的唯一证据。

"依附神！谁在乎身体发生的情况和其他一切！经由邪恶的恐怖，念诵——我的神，我的爱！经由死亡的剧痛，念诵——我的神，我的爱！经由阳光下的所有罪恶，念诵——我的神，我的爱。你在这里。我看见了你。你与我同在，我感受到你。我是你的，请带上我。我不是这个世界的，而只是你的，不要丢下我。不要去找玻璃珠，而丢下钻石矿！这次生命是一个最大的机会。来吧，寻找你此世的喜悦！——它是一切喜乐的源泉。寻找至上者，追求至上者，你就能达致至上者。"

唵·塔·萨

译后记

在印度文明中,瑜伽是一个核心词。在印度历史的发展中,瑜伽包含不同的含义。在传统瑜伽系统中,瑜伽主要包含:行动瑜伽、智慧瑜伽、爱的瑜伽和胜王瑜伽。在过去一些年中,我们翻译过一些瑜伽典籍,其中有论述胜王瑜伽的《帕坦伽利〈瑜伽经〉及其权威阐释》、论述智慧瑜伽的《智慧瑜伽:商羯罗〈自我知识〉》和《至上瑜伽:瓦希斯塔瑜伽》以及论述哈达瑜伽的《哈达瑜伽之光》,而在其他几本书中则可以看到不少行动瑜伽的信息,但相对说来,却完全缺少爱的瑜伽的内容,而且迄今为止,国内也没有出版过此类图书。这样,无论是作为传统印度教三大解脱之道的虔道(其他两道为业道和慧道),抑或是作为印度教四大瑜伽体系之爱的瑜伽,就完全不为国内读者所知,因此,我们决定出版一部论述爱的瑜伽的经典著作来填补这一空白，使我们出版的瑜伽系列在内容上更成体系和更为完整。我们查阅了不少这方面的图书和资料，搜集了五部《拿拉达的虔信经》的注释本，最后认为，由印度人斯瓦米·帕拉伯瓦南达（帕坦伽利〈瑜伽经〉及其权威阐释》之同一作者）英译并注释的《拿拉达的虔信经》，或许是论述爱的瑜伽经典最具权威也最为深入浅出的著作之一。因此，我决定选择此书进行翻译。

需要说明的是，这本书并非是写给学者和专业人士看的，而是写给普通瑜伽爱好者和求道者看的，因此，在本书的前面部分，有着许多关于印度教的人物、典籍、术语和概念的解释性注释，我们希望，读者能耐心地看懂这些注释，这对读懂这本爱的瑜伽非常关键。因为尽管在我们看来，这本书已经写得非常浅显易懂，但如果你对诸如古鲁、阿特曼、梵、原质、三摩地、曼陀罗、湿婆、克里希那、商羯罗等术语和人物一无所知，则可能读起来就会感到非常困难。此外，我要特别解释一下印度教的"神"的概念，这个概念比犹太教、基督教等一神教的"神"的概念之内涵更为宽泛,它可以指人格神,也可以指非人格神;可以指灵性意义上的神,也可以指本体论意义上的终极实在;可以指无所不在、遍布一切的梵,也可以指内在于人们之中的人的真实自我或阿特曼;可以指像基督教圣父一样的神,也可以指像耶稣一样的圣子或神的化身,甚至可以指某些圣人、圣徒或伟大的灵性导师(古鲁),等等等等,不一而足。由此,虔信神,也就据此有很多不同的含义和理解。这一点,希望读者在阅读本书时特别地加以留意。

本书的翻译是由浙江大学城市学院的富瑜和我共同合作完成的。在这里,我要感谢新加坡陈裕福(Tan Ju Hock)先生对本书翻译工作的关心和支持。感谢辨喜大学斯瓦米·杜迦南达(Swami Durgananda)的诸多帮助。感谢美国加州吠檀多中心斯瓦米·萨拉瓦德瓦南达(Swami Sarvadevananda)对我们翻译工作的支持,并感谢他慷慨提供了本书的中文版权。感谢杭州市瑜伽健身协会对我们翻译工作的大力支持,感谢协会主席菊三宝女士对本书翻译工作的关心。感谢灵海女士对本书翻译工作的支持和帮助。感谢苏伟平先生对本书翻译工作的关心。感谢慧觉女士对本书翻译工作的关心和支持。还要感谢其他一些老师、朋友、学生的支持和帮助。感谢我的出版合作朋友汪澜先生,多年来他一直帮助我出版译著和著作,对每本译著都对照原文进行精心校对,有时为了一个术语会和我讨论很久,没有他的大力支持,很多译著都难以与读者见面。这次再版得到何朝霞女士的大力支持,使它以崭新形象与读者见面,特此感谢。

愿本书能给你带来内心的圆满和喜悦。

Namaste!

王志成
2017 年 11 月 11 日
于浙江大学